W0075841

Besser lesen, verstehen, behalten!

**humboldt**

*Ratgeber*

**In der gleichen Reihe sind erschienen:**

**Weitere Titel in Vorbereitung**

# Besser lesen, verstehen, behalten!

Von Helmut Dittrich

humboldt-taschenbuch 673

Umschlagfoto und -gestaltung: Christa Manner, München
Abbildungen im Innenteil:
Abbildung 8 u. 13 (Seite 25, 31): Alfred Taubenberger
Alle anderen Abbildungen stammen vom Autor

*Wichtiger Hinweis für den Leser:*

Alle Angaben und Informationen sind von Autor und Verlag sorg-
fältig überprüft worden. Dennoch kann eine Gewähr nicht übernommen werden.

© 1992 by Humboldt-Taschenbuchverlag Jacobi KG, München
Druck: Presse-Druck Augsburg
Printed in Germany

ISBN 3-581-66673-1

1 2 3 * 94 93 92

# Inhalt

# Vorwort

Was ist zu erreichen, wenn der Block »Lesen – Auffassen – Durchdenken und Wiedergeben« so verbessert werden könnte, daß mit einer Verdoppelung der Leseleistung im privaten wie im beruflichen Bereich gerechnet werden kann? Wohlgemerkt, sowohl was die Leseleistung als auch was die Qualität der Auffassung des Gelesenen betrifft! Wie viele Tage und Wochen im Jahr könnten für andere Ziele und Aufgaben genutzt werden!

Eigene Versuche, die anderer Kursleiter und vor allem von Seminaren zeigten, daß dieses Ziel und oft noch viel mehr zu erreichen ist. Hier wird nun die Erfahrung aus über 20 Jahren Schulungen präsentiert, aufgearbeitet für den Selbstunterricht!

*Was ist an diesem Buch anders als an Lesetrainingsbüchern bisheriger Prägung?*

Zum einen kamen in den letzten Jahren eine Fülle von Erfahrungen, aber auch Bestätigungen hinzu, zum anderen wurde in diesem Buch auf vorbereitete Lesetexte mit Beurteilungsschemata verzichtet. Der »mündige Leser« erstellt anhand von ausgewählten Buchtexten seine Tests selbst und führt auch die Kontrollen durch.

Die umfangreiche Bebilderung bringt eine bessere Verständlichkeit als die Worte allein. Für die Praxis ist von besonderer Bedeutung, daß die nach dem einführenden Grundkapitel vorgestellten Techniken jede für sich genutzt werden können; Kombinationen stellen Sie mit späterer Routine dann von allein her.

Weil sich bei der Arbeit in Leseseminaren zeigte, daß Lesen und Auffassen allein nicht genügen, wird hier der Wiedergabe, dem Exzerpt, jeder Form von Gliederung und Strukturierung von Gelesenem besondere Bedeutung zugemessen. Denn was nutzt schnelles Lesen, wenn Aufgenommenes nicht wiedergegeben werden kann?

Wenn Sie einige Wochen eine halbe Stunde am Tag mit Hilfe dieses Ratgebers arbeiten, werden Sie staunen, wie Ihre Leistungsfähigkeit steigt!

*Was bringt effektiveres Lesen?*

Sie werden erreichen, Ihre Lesegeschwindigkeit zu verdoppeln, und Ihre Auffassungskraft beträchtlich erhöhen. Effektives Lesen ist nicht nur reproduktiv, auf Wiedergabe angelegt, sondern auch auf Übertragung, auf Reorganisation von Wissen, es muß Basis für kreatives Vorgehen sein!

Es ist nicht schwer, »effektiver lesen« zu lernen – andere haben es auch geschafft und ihre Lebensqualität verbessert. Sie erreichen das auch. Aber nun an die Arbeit – schön systematisch, Schritt für Schritt!

*Helmut Dittrich*

# 1  Was bringt »effektiveres Lesen«?

Lesen kann eine angenehme Tätigkeit, ein interessanter Zeitvertreib sein, erbauende Wirkung haben oder über das Tagesgeschehen, die »News«, informieren. Zum anderen ist Lesen harte Arbeit, Informationsaufnahme, ob Wissen aus Büchern oder anderen Schriften oder von Bildschirmen aufgenommen werden muß.

Da kommt es nicht nur auf die Zeit an, die zum Lesen »verbraucht« wird, sondern noch mehr auf die Aufnahme, das Festhalten von Informationen, die Fähigkeit zur Wiedergabe. Beides muß gesteigert werden, die Lesegeschwindigkeit wie auch die Auffassungskraft. Überraschend mag sein, daß auch bei entsprechender Übung das »angenehme Lesen« eine neue, andere und interessantere Dimension gewinnt.

## 1.1  Über die konventionelle Art des Lesens

Die meisten von uns lesen ohne spezielle Schulung, so wie wir es vor vielen Jahren mal gelernt haben, von Lehrern, die es vor noch längerer Zeit lernten. Manche buchstabieren, andere lesen Silben, Worte, die Vielleser können ganze Sätze auffassen oder »schräg lesen«. Wie viele Informationen dann wohl hängen bleiben? Wie so oft haben wir die wichtigsten Tätigkeiten und Verhaltensweisen im Leben nicht oder doch zumindest nicht optimal gelernt!

Sicher, wir haben uns Hilfen besorgt:

- Wir wählen die Zeitungen, die Lehrbücher und Bücher aus, die die Informationen so »lesegerecht« wie möglich präsentieren.

- Informationen, z. B. in der Form von »Unternehmensbriefen«, enthalten kurzgefaßt das Wesentliche zum Thema, plus Insiderinformationen.

■ Spezielle »Führer« bieten den Inhalt von Literatur und Fachgebieten in Kurzform, einschließlich von Leseproben besonders interessanter Stellen.

Abgesehen davon, daß derartige »geballte« Informationen nur selten zu erhalten sind, ist der Inhalt »vorbeurteilt« von einer zwar sachkundigen Person, deren Ansichten aber nicht die unseren sein müssen.

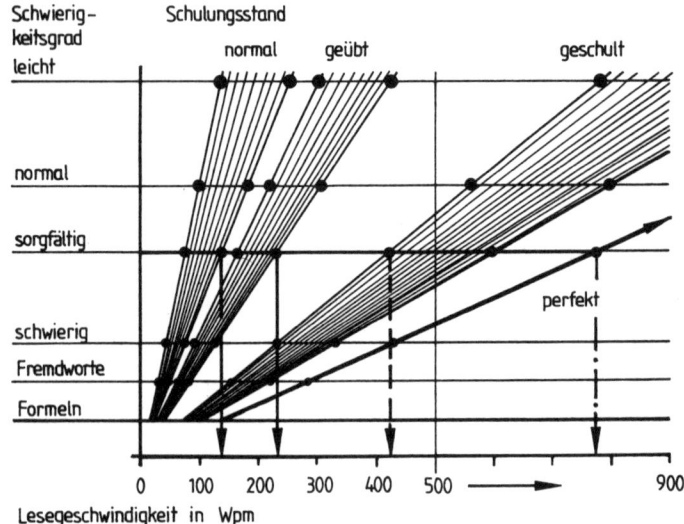

*(Abbildung 1)*

**Wirkung von Schulungen auf die Lesegeschwindigkeit**
*Das Diagramm zeigt in der Übersicht, wie weit bei den jeweiligen Schwierigkeitsgraden die Lesegeschwindigkeit aus dem Normalbereich heraus durch Einübung allein sowie durch eine Schulung, wie sie z. B. dieses Buch bietet, gesteigert werden kann. Wenn beim Einsatz der gezeigten Techniken eine umfangreiche Übung hinzukommt, wird ein Mehrfaches der »Schulungswerte« erreicht.*

Am klarsten werden die Schwächen der konventionellen Art des Lesens in der bildlichen Gegenüberstellung der erreichbaren Lesegeschwindigkeiten in Wort pro Minute *(Wpm)* bei den verschiedenen Schwierigkeitsgraden in der ersten Abbildung. Während bei einem »normalen« Text ohne Schulung zwischen 90 und 180 Wpm erreicht werden, kann die Übernahme von Techniken und ausreichende Übung bereits zu einer Lesegeschwindigkeit von rund 300 Wpm führen, jenseits der 700 Wpm liegen die Werte nach einem zwei- bis vierwöchigen direkten Unterricht. Basis unserer Überlegungen ist eine Verdoppelung bei steigender Auffassungskraft. Auch Sie werden dieses Ziel – mit der Zeit – übertreffen!

## ● Kernpunkt 1:

**Was dieses Buch bringen soll**
Es enthält Techniken und Vorgehensweisen, mit deren Hilfe bei gleichzeitiger Steigerung des Aufnahme- und Wiedergabevermögens die Lesegeschwindigkeit zumindest verdoppelt werden kann.

Das bedeutet, daß Sie bei
   1 Stunde Lesen am Tag →
 $^1/_2$ Stunde Zeit je Tag einsparen, damit rund →
   3 Stunden je Woche, oder →
 12 Stunden im Monat, hochgerechnet rund →
140 Stunden im Jahr, damit etwa →

**18 volle Arbeitstage im Jahr!**
…Zeit für einen tollen Urlaub, für persönliches Weiterkommen, für die Familie, einfach für mehr Lebensqualität!

**Noch mehr:**
Dieses Buch hilft Ihnen nicht nur besser zu lesen, sondern auch besser zu »verwerten«!

Damit Sie
- nicht nur Gelesenes wiedergeben,
- sondern auch ergänzen, transferieren,
- Ihr neu gewonnenes Wissen einordnen und organisieren,
- eine Grundlage für Ihre kreative Arbeit von heute und morgen schaffen.

Die sich hier ergebenden Möglichkeiten sind fast unbegrenzt; dieses Buch soll helfen:

- Sie zu entlasten und leistungsfähiger werden zu lassen,
- Ihrer Karriere einen Schub zu geben,
- Ihnen mehr Wissen, Können, mehr Geltung und einen Vorsprung zu verschaffen.

Sie werden sehen – es wird sich lohnen!

## 1.2 Lesen auf Bildschirmen und Projektionswänden

Mit der Veränderung der Kommunikationstechniken hat das Lesen eine andere Art und einen veränderten Stellenwert erhalten. Es werden, besonders im Bürobereich, wenig Arbeitsplätze bleiben, bei denen der Bildschirm nicht die wesentliche Informationsquelle ist. Von Bildschirmen läßt sich aber schwerer ablesen als von weißen bedruckten Blättern; das Auge wird also beim Ablesen vom Bildschirm stark belastet, die Umfeldbedingungen sind nicht mehr so angenehm wie bei der Übermittlung von auf Papier gedruckten Informationen.

Um so wesentlicher ist es dann, durch neue bessere Lesetechniken Ermüdung, besonders des Auges, auszuschalten. Ein schnelleres Lesen und eine gründlichere Auffassung sind große Hilfen. Auch für das Lesen von Bildschirmtexten gilt all das, was für das »Papier-Buchstabenlesen« zu beachten ist.

Tageslichtprojektoren haben sich bei Seminaren und bei Schulungen, in praktisch allen Bildungsstätten durchgesetzt. Oft sind so präsentierte Texte – mit Tageslichtprojektor auf eine Bildwand geworfen – für den Studierenden oder den Teilnehmer an einem Vortrag von größter Bedeutung. Sie erscheinen für kurze Zeit an der Wand und verschwinden im Ablauf des Vortrages auf Nimmerwiedersehen; und sie sind meist nicht mehr zu erhalten, wenn der Zeitpunkt der Übernahme verpaßt wurde!

Eine Aufgabe für Könner! Die zweite Abbildung (Seite 15 oben) zeigt, was dann passieren muß – Überschauen, Strukturieren und Auswählen des Wesentlichen – all das muß blitzschnell gehen, Bilder und Texte sind zu verinnerlichen, anzureichern und zu komplettieren, damit die Wiedergabe eine umfassendere Aussage enthält als die Kurzinformation, die auf die Leinwand geworfen wurde.

Aus dem Leseprozeß wird eine Mischung von Anreiz, Information, »Aufreißen« des vorhandenen Wissens. Wer diese Techniken beherrscht, der ist den anderen meist voraus. Zum anderen zeigt sich aber auch, wie weit die neuen Techniken Abläufe und Anforderungen von Lesen und Aufnahme verändert haben.

Maßstäbe zur Beurteilung der Lesewirkungen

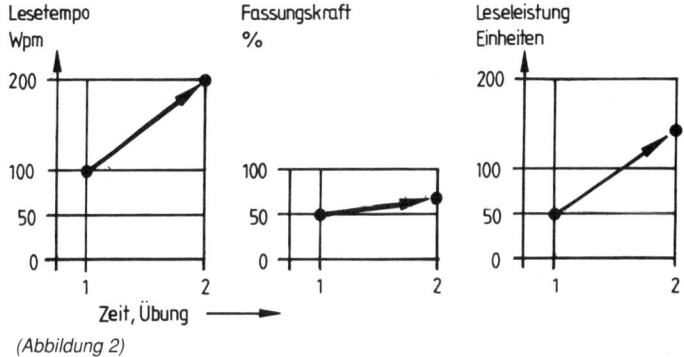

(Abbildung 2)

# 1.3 Wie wird »Leseleistung« gemessen und bewertet?

Wer seine Leistung steigern will, der muß wissen, welche Komponenten zur Beurteilung wesentlich sind, was gemessen und beurteilt werden muß. Eine Schlachtordnung, eine Strukturierung, ist zu entwerfen. Das dritte Bild (Seite 16) zeigt eine solche »Sammlung«, aufeinander aufbauend geordnet. Auch hier ist der Mut zur Lücke nötig. Jede einzelne Komponente ist wichtig und muß – zumindest zusammenfassend – gewertet werden.

Der Maßstab für Vergleiche sind Lesetempo und Auffassungskapazität, die, miteinander multipliziert, die Leseleistung ergeben. Aufbau und Berechnungsdetails zeigt Bild 4 (Seite 17); hier soll nur für die »ganz Exakten« eine Erweiterung hinzugefügt werden, bei der der Schwierigkeitsgrad des Textes berücksichtigt wird.

**Die Formel:**

$$\text{Einheiten Leseleistung} = \frac{\text{Lesetempo Wpm x Auffassungskraft \% x Schwierigkeitsgrad S}}{100}$$

*Für die Bewertung der Schwierigkeit der Texte hat sich folgende Skala bewährt:*

| | | | | |
|---|---|---|---|---|
| ■ | leichter Text | 1,0 | ■ mittelschwerer Text | 1,7 |
| ■ | mittlerer Text | 1,5 | ■ schwieriger Text | 2,0 |

Eine derartige Bewertung des Textes kann aber nur Gültigkeit haben, wenn z. B. die Teilnehmer eines Kurses gleiche Grundvoraussetzungen mitbringen. So kann ein Text mit vielen Fachbegriffen für einen Fachmann leicht sein, für den Fachmann einer anderen Branche aber einen beachtlichen Schwierigkeitsgrad haben.

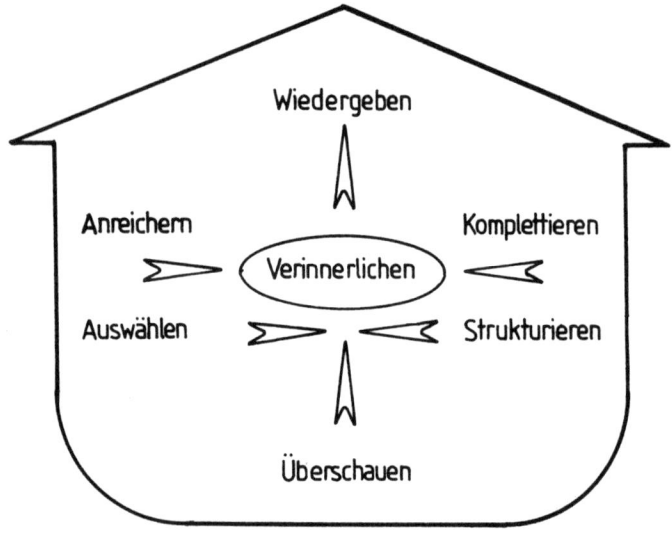

### Die Schritte zu wirksamerem Lesen

*(Abbildung 3)*

**Stufen rationellen Lesens, Verarbeitens und Verwertens**

*Bewährt sind folgende Schritte:*

① *Überschauen* ➣ *Wichtiges ist von Unwichtigem zu trennen*

② *Auswählen* ➣ *Kernbereiche sind herauszukristallisieren*

③ *Strukturieren* ➣ *Ablauf- und Wirkungsordnungen sind herzustellen*

④ *Verinnerlichen* ➣ *Gelesenes ist zu verstehen und zu überprüfen*

⑤ *Anreichern* ➣ *Eigene Erfahrungen sind einzubringen*

⑥ *Komplettieren* ➣ *Die Verständlichkeit ist zu erhöhen, z. B. durch Visualisierung*

⑦ *Wiedergabe* ➣ *Das Behalten der erweiterten Lernbereiche ist zu sichern*

*Rationelles Lesen ist nicht nur schnelleres Lesen, sondern auch effektiveres Lesen mit höherer Wirkung, das die Basis der eigenen Ergänzung und Erweiterung ist.*

16

## 1.4 In weniger Zeit mehr auffassen

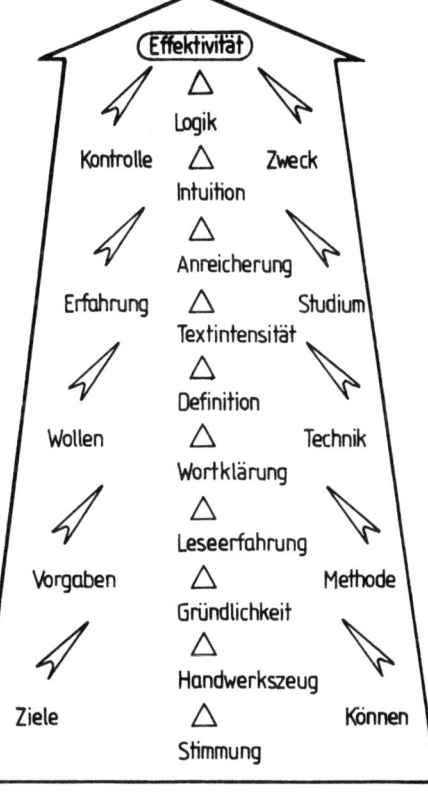

*(Abbildung 4)*

*Die Effektivität zu steigern ist die Aufgabe – mehr zu erreichen in weniger Zeit, mit weniger Mühe. Der »Stoßkeil« aus den gewählten Komponenten führt zielsicher zu den erhofften Ergebnissen.*

Effektivität

Logik

Kontrolle — Zweck

Intuition

Anreicherung

Erfahrung — Studium

Textintensität

Definition

Wollen — Technik

Wortklärung

Leseerfahrung

Vorgaben — Methode

Gründlichkeit

Handwerkszeug

Ziele — Können

Stimmung

Aufbau und Komponenten des Leseerfolges

17

**Elemente eines Lesetrainings:**

Jedes Training, das Erfolg bringen soll – auch die Eigenarbeit –, braucht einen Plan, eine Strukturierung der Komponenten. Hier eine Zusammenstellung aus einem Seminar:

- Ohne eine Stimmung, eine Einstimmung zum Lesen und Lernen sind selten gute Ergebnisse zu erreichen.

- Handwerkszeug bester Qualität ist eine der Grundvoraussetzungen für Leistungssteigerungen.

- Gründlichkeit hilft Zeit zu sparen. Schnelligkeit ist durch Einsatz der Techniken immer zu steigern.

- Leseerfahrung entsteht vorrangig durch das Verständnis der Vorgänge beim Lesen.

- Die Wortklärung, die oft hemmend auf den Lesefluß wirkt, wird mit wachsendem Fachwissen immer weniger störend.

- Die Definition von Worten ist mit jedem Ablauf ein Schritt zu fachlicher Kompetenz.

- Die Textintensität – zu flach oder zu schwierig – ist durch entsprechende Techniken bestens erschließbar.

- Die Anreicherung mit eigener oder fremder Erfahrung führt zu neuer, kreativer Leistung.

- Intuition, aus der Erfahrung heraus stammend, hilft uns zu differenzieren.

- Die Logik ist der große Kontrolleur, der Fehler aufzeigt und uns bessere, wirksamere Wege weist.

»Seiteneinsteiger« sind andere Komponenten, die ergänzen, verbessern und steigern:

- Ziele, auch unterschwellige, lassen uns durchhalten.

- Können aus bisherigen Erfahrungen hilft schneller zu lernen.

- Vorgaben zeigen uns, was andere auch geschafft haben.

- Methoden bringen Ergebnisse anderer in das Spiel.

- Wollen ist besser als Müssen (meist müssen wir wollen!).

- Techniken sind ausgeklügelte Hilfen zu mehr Erfolg.

- Erfahrungen durch Ausprobieren sind durch nichts zu ersetzen.

- Studien helfen, Erfahrungen von Generationen zu übernehmen.

- Kontrolle muß das in uns selbst gesetzte Vertrauen sichern.

- Der Zweck der Arbeit – was die Mühe bringt – muß klar sein.

Die Elemente eines Lesetrainings sind nun bekannt – jetzt sind sie auf das Wesentliche zu reduzieren. Um unser Ziel zu erreichen, werden wir eine Fülle von Einzeltechniken vorstellen, die sich dabei bewährt haben, sowohl Lesegeschwindigkeit als auch Auffassungskraft zu verbessern. Welche der Techniken Sie zuerst auswählen, ist zweitrangig; jede wird Sie einen Schritt voranbringen.

Wir sind aber nicht zufrieden damit, nur vage Vermutungen über unseren Erfolg zu haben – obwohl die Verbesserungen deutlich spürbar sein werden.

Wir wollen das Lesetempo, die Auffassungskraft, die Leseleistung – auch bei verschiedenen Schwierigkeitsgraden – über längere Zeiträume vergleichen können.

> Der Grund dafür: Leseanforderungen sind sehr unterschiedlich. Sie reichen von der Tageszeitungslektüre über den Roman bis zur Fachliteratur, vom Schriftverkehr bis zum Aktenstudium. Es ist sehr wichtig, daß Sie in Ihrem Bereich Ihre eigenen Erfahrungen sammeln!

Sie werden also einen Ihrer Texte abgrenzen, die Lesezeit stoppen, in Stichworten den Inhalt festhalten, dann den Wortumfang und die erreichte Lesegeschwindigkeit ermitteln. Schwieriger ist es, die Strukturen und Kernbereiche in Stichworten zu erfassen – hier werden wir eine Reihe von neuen Methoden kennenlernen.

Sie sollten nicht zu enttäuscht sein, wenn am Anfang die Auffassungskraft nicht so hoch ist, wie Sie es wünschen – doch sie wird stetig ansteigen.

# 1.5 Leistungssteigerungen werden in Stufen erreicht

Schneller und effektiver lesen – bringen neue Techniken nur eitel Freude und Sonnenschein? Sicher, in den siebziger Jahren versprachen amerikanische Lesetrainer eine bis auf das Zehnfache gesteigerte Lese-Intensität, und zwar schon nach kurzer Schulung! Die Genies, die diese Ziele erreichten, waren aber so dünn gesät, daß die Methode vorübergehend in Verruf geriet. Wir haben aber nur eine

Verdoppelung versprochen, obwohl jeder erfahrene Trainer weiß, daß das gewaltig tiefgestapelt ist, daß fast jeder normale Leser mehr erreicht.

Die Sache hat aber eine andere Tücke. Leseleistungen werden, wie übrigens jede andere Lernleistung auch, in Stufen verbessert – wie sie Abbildung 5 zeigt.

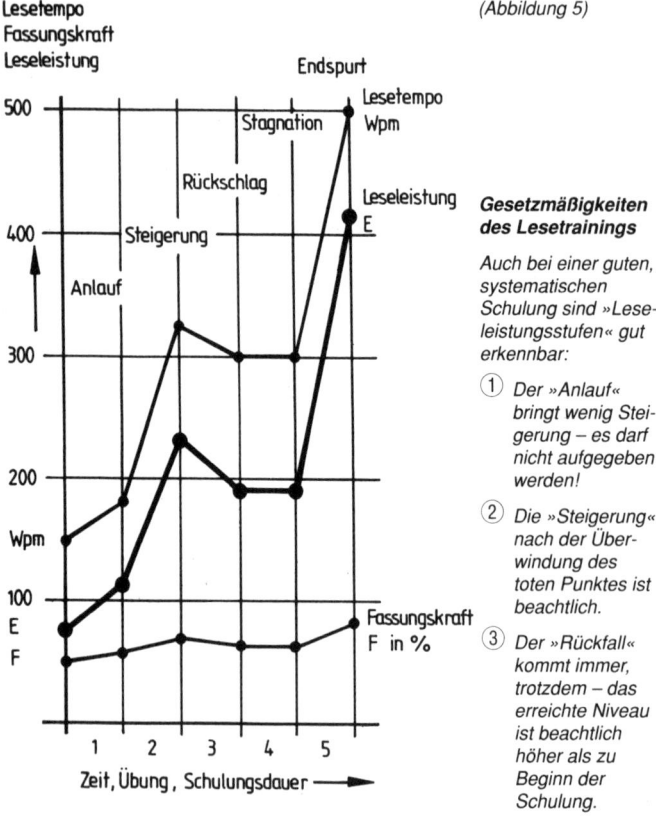

(Abbildung 5)

**Gesetzmäßigkeiten des Lesetrainings**

Auch bei einer guten, systematischen Schulung sind »Leseleistungsstufen« gut erkennbar:

① Der »Anlauf« bringt wenig Steigerung – es darf nicht aufgegeben werden!

② Die »Steigerung« nach der Überwindung des toten Punktes ist beachtlich.

③ Der »Rückfall« kommt immer, trotzdem – das erreichte Niveau ist beachtlich höher als zu Beginn der Schulung.

④ Die »Stagnation« kann lange dauern, sie ist eine Stufe der Festigung neuer Lesemethoden.

⑤ Im »Endspurt« wird ein dauerhaft hohes Endniveau erreicht.

| Achtung, wichtig: | Wer nicht ständig übt und verbessert, fällt auf oder unter das Stagnationsniveau zurück! |

Auf einen langsamen Anlauf folgt ein steiler Anstieg; alles freut sich; dann kommt ein massiver Rückschlag – rätseln Sie nicht erst, ob die Texte schwieriger geworden sind! Es dauert oft lange (auf natürlich höherem Leistungsniveau), bis die Stagnation überwunden ist und ein echter Leistungssprung entsteht, der bei ausreichender Übung zu einem sehr hohen Leistungsniveau führt. Als Teilnehmer an diesem hier angebotenen Praxiskurs sollten Sie Ihre Fortschritte genau beurteilen können, deshalb auch die vielen Tests.

---

*Warum entsteht ein Knick in der Leseleistung?*

Es ist wohl so, daß die Anfangsbemühungen zu einem Leistungsanstieg führen, der auf Sorgfalt, Mühe und Zielstrebigkeit beruht. Irgendwann kommt der Alltag wieder, neue Methoden müssen sich erst »einschleifen«, sind zu verinnerlichen. Daher der Abfall und anschließend der steile Anstieg. Jetzt hat unser Unterbewußtsein die neue Arbeitsweise akzeptiert und für richtig befunden!

---

Sehen Sie sich den Kernpunkt 2 an – Sie werden mit den aufgeführten zehn Schritten und der Tabelle (Abb. 6, Seite 23) »arbeiten«. Dabei will ich hier auf vorbereitete Mustertexte mit Bewertungstabellen verzichten.

 **Kernpunkt 2:**

---

**Regeln für den Aufbau eines Lese-Leistungstests**

Wollen Sie Ihre persönlichen Fortschritte in der Leseleistung feststellen? Es gibt eine Menge guter »Testbücher« – siehe Literaturverzeichnis, Seite 125 – mit interessanten Texten und Tabellen. Genauso können Sie aber auch jeden anderen Text – auch gerade den, der vor Ihnen liegt, nutzen:

- Wählen Sie bitte eine oder zwei Seiten Text aus, zur Begrenzung des Testumfangs.

- Lesen Sie bitte den Text, wobei die Lesezeit mit der Stoppuhr gemessen wird.

- Schreiben Sie bitte in Stichworten – am besten strukturiert – den Inhalt auf.

- Ermitteln Sie den Wortumfang in Worten je Zeile mal Zeilenzahl; Durchschnittswerte genügen.

  Stellen Sie die Lesegeschwindigkeit fest; z. B.

  $$\frac{1000 \text{ Worte x } 60}{300 \text{ Sekunden}} = 200 \text{ Worte je Minute } (Wpm)$$

- Ermitteln Sie alle zum Verständnis nötigen Stichworte des Textes, sie bedeuten 100% Auffassungskraft.

- Stellen Sie die Auffassungskraft fest; z. B. 50 Stichworte = 100%, erreicht 25–50%.

- Ermitteln Sie die Leseleistung, z. B.:

  $$\frac{200 \text{ Wpm Lesegeschwindigkeit x } 50\% \text{ Fassungskraft}}{100}$$

  = 100 Wpm Leseleistung

- Wollen Sie den Schwierigkeitsgrad berücksichtigen?

  Angenommen, der Text war mittelschwer.

  100 Wpm Leseleistung x Faktor 1,5 = 150 Wpm Leistungszahl

- Tragen Sie bitte mit Datum Ihre Leistung in die Tabelle auf Seite 23 ein!

Die Mühe eines derartigen Tests ist nicht so groß, wie es am Anfang erscheinen mag. Es ist aber wichtig, eigene Ergebnisse zu kontrollieren, vor allem, ob man zurückfällt und Chancen vergibt.

| Leistungskontrolle nach Lesetests | | | | | | | | |
|---|---|---|---|---|---|---|---|---|
| Datum | Titel, Text | Wort- zahl | Lese- tempo | Fassungs- kraft | Lese- leistung | Schwierig- keitsgrad | Leistungs- zahl |
| | | Stück | Wpm | % | Wpm | f | Wpm |
| 25.7. | Optimales Lesen | 1000 | 200 | 50 | 100 | 1,5 | 150 |
| | Das Buch als Arbeitshilfe | 420 | | | | | |
| | | | | | | | |
| | | | | | | | |
| | | | | | | | |
| | | | | | | | |
| | | | | | | | |
| | | | | | | | |
| | | | | | | | |
| | | | | | | | |
| | | | | | | | |
| | | | | | | | |

*(Abbildung 6)*

**Tabelle zur Feststellung der Leistungsveränderungen beim Lesen**

*Vertrauen ist sicher gut, Kontrolle besser: Auch wir selbst müssen unsere Leistungsfähigkeit und die Lernfortschritte laufend kontrollieren. Kernpunkt 2 zeigt den Ablauf, die Tabelle bringt die Ordnung, die zu Leistungsvergleichen nötig wird.*

# 1.6 Warum wir schneller lesen können

Was ist es denn, was eine derartige Leistungssteigerung ermöglicht? Wodurch ist der Optimismus begründet?

*In diesem Zusammenhang sind einige Schwerpunkte herauszuheben:*

Unser Auge ist normalerweise leistungsfähiger, als wir glauben. Abbildung 7 zeigt einen stark vereinfachten Querschnitt des Auges – ein Präzisionsinstrument! Wann wurde es das letztemal »gewartet«? Lesetraining muß mit dem Gang zu einem erfahrenen Augenarzt beginnen. Dieser wird Ihnen – falls nötig – die Hilfsmittel, Brille oder andere Hilfen, verschreiben, damit Sie scharf sehen und nicht so schnell ermüden. Oft wird allein durch diese Maßnahme eine Verdoppelung der Leseleistung erreicht!

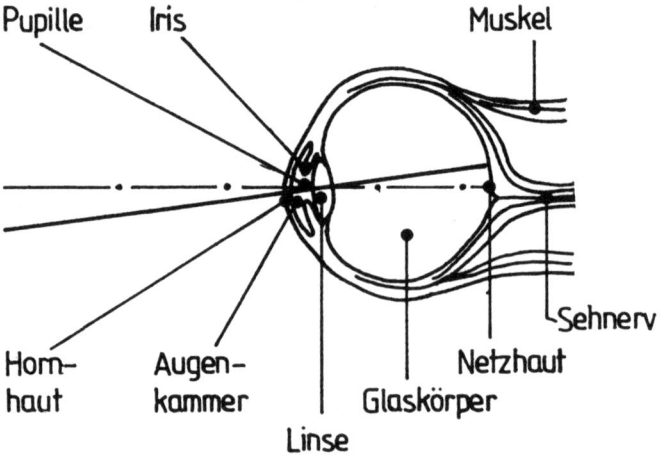

Pupille    Iris                    Muskel

Horn-    Augen-              Netzhaut
haut     kammer      Glaskörper     Sehnerv

Linse

## Vereinfachter Augenquerschnitt

(Abbildung 7)

*Unser Auge erlaubt eine beachtliche Erweiterung der Blickspanne, ohne daß der »Aufnahmeapparat« im Gehirn im entferntesten überlastet werden würde. Durch Schulung und Übung wird erreicht, daß nicht nur horizontal, sondern auch vertikal mit einem Blickpunkt immer mehr erfaßt werden kann.*
*Noch mehr – unser Auge ist in der Lage, Worte anhand ihrer Umrisse zu erkennen und füllende Worte wie das »und« im Bild nicht mehr bewußt zu lesen. Wenige Silben im Blickfeld genügen, um die Bedeutung eines Satzes zu erkennen!*

Unser Auge muß sich der Entfernung anpassen, in der wir scharf sehen wollen. Die Linse, auch der Ziliarkörper, müssen durch Muskeln verändert werden, um ein scharfes Bild auf der Netzhaut zu erreichen. Man nennt das *Akkomodation*. Manchmal funktioniert diese bei jungen Menschen nicht ganz, Kurz- oder Weitsichtigkeit entsteht. Der Autor will sich hier aus dem Streit, ob nun Augengymnastik oder Brille besser sind, heraushalten. Jedenfalls ermüdet das Auge etwa ab dem fünfzigsten Lebensjahr. Ob dann eine Sehhilfe notwendig ist, muß der Augenarzt entscheiden.

Nun, das überprüfte und korrigierte Auge kann mehr. Es kann, z. B. – wie unten dargestellt – helfen, Sätze mit Hilfe von wenigen »scharfen« Silben und Wortumrissen zu erkennen. Wir müssen also

## Sicherheit und Berufserfolg
Wortumrisse und wenige Silben führen zur Lesbarkeit von Sätzen!

*(Abbildung 8)*

### Feststellung der Augenbewegungen beim Lesen

*Auf dem Pult liegt lesegerecht ein Buch, ein Schriftstück, mit rund 60 Zeichen bzw. Anschlägen je Zeile. Die Leserin oder der Leser werden beobachtet, wie oft die Augen angehalten (= Fixpunkte, die eigentliche Lesetätigkeit) werden. Halte bzw. Sprünge werden gezählt und damit die Blickspannen festgestellt. Zur Erweiterung dieser Übung sind Kontrollzählungen durchzuführen. Ziel ist es, von sechs bis acht Fixationen je Zeile auf drei bis vier zu kommen und damit die Lesegeschwindigkeit praktisch zu verdoppeln.*

nicht alles lesen! Trotzdem werden wir beim Lesetraining und Lernen bemerken, daß z. B. an den Rändern unseres Blickfeldes wesentliche Worte nur »gefunden und erkannt« werden müssen. Wenn sie es wert sind, wird der Blickpunkt auf diese gerichtet, wenn nicht, weitergelesen.

Heute weiß man sicher, daß wir nicht gleitend lesen, sondern nur dann aufnehmen können, wenn das Auge angehalten wird. Sie glauben das nicht? Dann probieren Sie das bitte aus, wie Abbildung 8 zeigt. Eine Person liest, die andere »blickt ihr in das Auge«. Lassen Sie sich selbst durch einen Versuch überzeugen. Alles andere ist im Grunde simpel. Ungeübt haben wir eine kleine Blickspanne (wie Abbildung 9 zeigt), die mit »Training« erweitert werden kann. Da erwartet uns noch einiges!

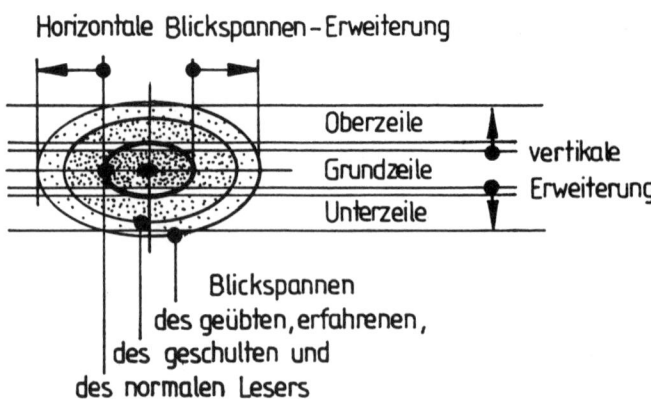

## Horizontale Blickspannen-Erweiterung

Oberzeile
Grundzeile — vertikale Erweiterung
Unterzeile

Blickspannen
des geübten, erfahrenen,
des geschulten und
des normalen Lesers

### Vergrößerungen des Lesebereiches innerhalb eines Blickpunktes

*(Abbildung 9)*

*Viele Versuche haben bewiesen, daß wir nicht »gleitend« lesen, sondern nur dann, wenn das Auge bei einem Blickpunkt innehält. Durch Übung kann die Blickspanne und damit das Blickfeld beachtlich erweitert werden. Es wird nicht nur der Inhalt der horizontalen Zeile breiter erfaßt, sondern auch zum Teil die Ober- und Unterzeile. Die Anwendung dieser »Erweiterungstechniken« ist eines der Kernstücke aller Methoden, schneller und effektiver zu lesen.*

Müssen wir wirklich nicht alles lesen, und werden wir gerade deshalb auch in der Auffassungskraft leistungsfähiger? Sehen Sie sich mal Abbildung 10 an. Sie werden feststellen, daß wir auch dann noch einwandfrei lesen können, wenn die untere Hälfte der Buchstaben wie *e* oder *a* weggeschnitten wurde. Das erlaubt, zwei Zeilen oder gar drei auf einmal zu lesen. Aber auch beim normalen Lesen wird eine Anhebung der Blickleitlinie zu einer bedeutenden Erhöhung der Lesegeschwindigkeit führen.

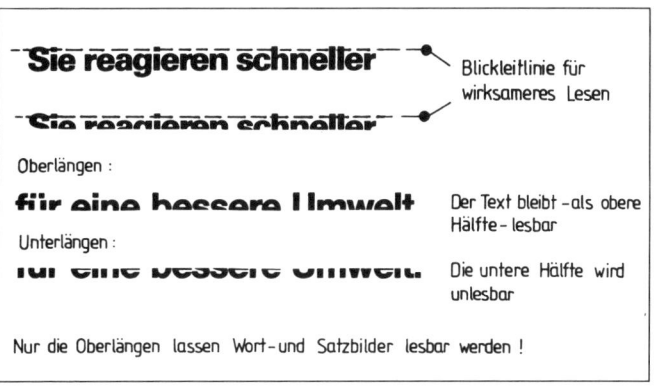

(Abbildung 10)

*Wer schneller lesen und auffassen will, der muß versuchen, beim angebotenen Informationsumfang »weniger« zu lesen. Die obere, geteilte Zeile zeigt, daß sie voll lesbar ist, die untere Hälfte ist eigentlich überflüssig. Wenn Sie nun die Blickleitlinie in die Hälfte der Oberlängen setzen, lesen Sie schneller und wirksamer, vor allem können Sie zwei Zeilen auf einmal lesen!*

## 1.7 Das Herauspräparieren von Gliederungen

In diesem Buch wurde das Prinzip des inhaltlichen Fächers verwendet, mit einer entsprechenden Zahl von Kapiteln, unterteilt in der Regel in Fächer mit acht bis neun Deltas, wieder zusammengefaßt mit einer Checkliste und Abschlußbetrachtung. In derartige Gliederungen lassen sich gut Kernpunkte, Zwischenergebnisse und vor allem Bilder und Skizzen einordnen, die die wichtige Aufgabe der Visualisierung wesentlicher Bereiche haben. Auch Bilder müssen »gelesen« sein!

*Hier einige Grundlagen:*

■ Jede Struktur ist richtig, wenn sie nur logisch die wesentlichen Aussagen wiedergibt. Ob Kästchen, Kreise, Rondelle oder andere Formen oder nur Worte zwischen verbindenden Pfeilen eingesetzt werden, der Zweck muß erfüllt werden: Aussagen, Fakten und Zusammenhänge sind übersichtlich, verständlich und deutlich zu zeigen.

■ Wichtig sind Ursachen und Wirkungen; erstere sind neben- oder übereinander zu stellen, sie weisen auf die Wirkung. Abbildung 11 zeigt das Prinzip.

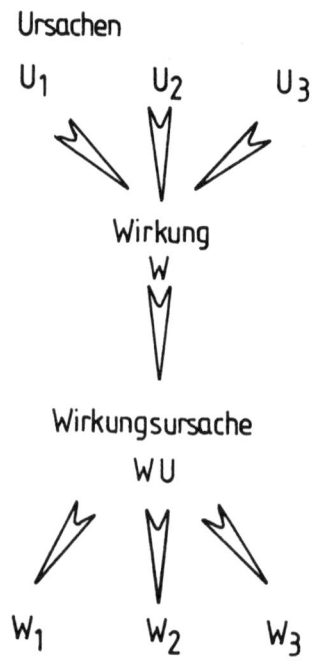

**Ursachen**

$U_1$ $\qquad$ $U_2$ $\qquad$ $U_3$

**Wirkung**

W

**Wirkungsursache**

WU

$W_1$ $\qquad$ $W_2$ $\qquad$ $W_3$

*(Abbildung 11)* **Variante einer Gliederung**

**Beispiel einer Strukturierung von Gelesenem:**

*Hier haben drei Ursachen gemeinsam eine Wirkung »bewirkt«, die wiederum Ursache, Wirkungsursache für drei weitere Wirkungen wurde. Eine derartige Darstellung ist übersichtlicher und damit aussagekräftiger als eine Aufreihung allein. Es gibt unzählige verschiedene Strukturen.*

■ Vielseitig sind die Varianten: Aus einer Kette können sich Deltas oder Parallelen, Fächer, Kreise oder Kreisläufe entwickeln, auch Spiralen; die Arbeit mit Rastern oder Matrizen ist eine Wissenschaft für sich geworden; Abbildung 12 zeigt einige Beispiele. Natürlich sind diese Strukturen wieder untereinander variierbar.

*(Abbildung 12)*

**Strukturierungsvarianten von Gelesenem:**

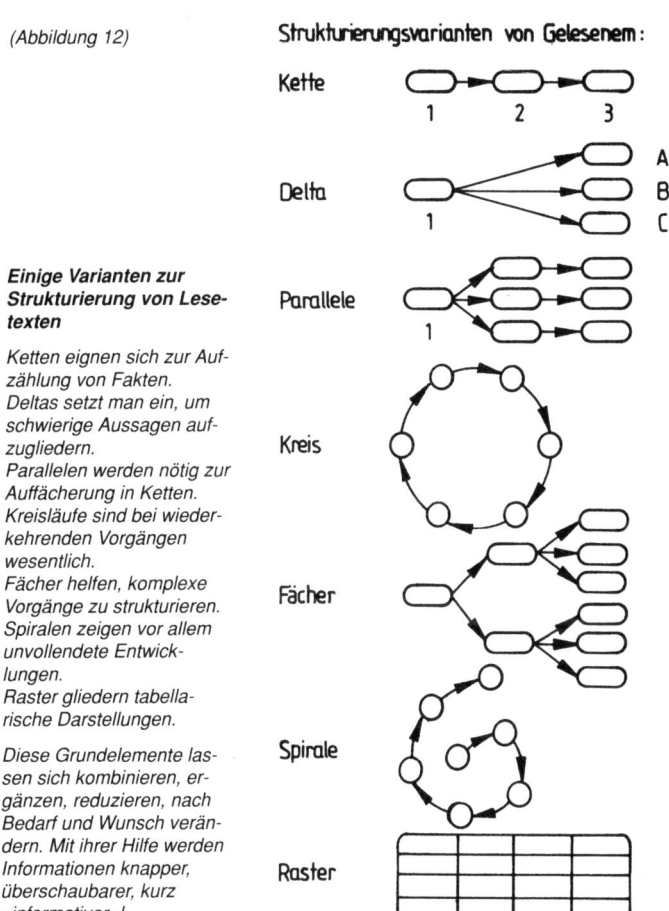

**Einige Varianten zur Strukturierung von Lesetexten**

Ketten eignen sich zur Aufzählung von Fakten.
Deltas setzt man ein, um schwierige Aussagen aufzugliedern.
Parallelen werden nötig zur Auffächerung in Ketten.
Kreisläufe sind bei wiederkehrenden Vorgängen wesentlich.
Fächer helfen, komplexe Vorgänge zu strukturieren.
Spiralen zeigen vor allem unvollendete Entwicklungen.
Raster gliedern tabellarische Darstellungen.

Diese Grundelemente lassen sich kombinieren, ergänzen, reduzieren, nach Bedarf und Wunsch verändern. Mit ihrer Hilfe werden Informationen knapper, überschaubarer, kurz »informativer«!

Aus einem Text eine Gliederung, ein Strukturbild herauszuarbeiten ist eine Frage von Schulung und Training. Erst einmal verstanden und geübt, bereitet die Übertragung keine Schwierigkeiten.

# 1.8 Die »didaktische Reduktion« von Gelesenem

Was bedeutet dieser Begriff? Einfach nur, den Inhalt eines Textes so aufzuarbeiten, zu gliedern, zu strukturieren und zu visualisieren, daß er ohne Einbußen in der Aussage und ohne zusätzliche Hinweise verstanden werden kann.

Behaupten Sie nicht, daß dies für schöngeistige Literatur nicht zutrifft! Wollen Sie Ihrer fünfjährigen Tochter abends eine anspruchsvolle Geschichte als »Gutenacht-Geschichte« erzählen? Sie will doch wissen, was Sie lesen.
Wenn Ihnen das gelingt, dann haben Sie didaktisch erfolgreich reduziert.

Wollen Sie umgekehrt mit einem psychologischen Text aus einem Buch über Führungstechnik bei einem Chef glänzen, der Psychologie als Hobby betreibt? Dann werden Sie sorgsam die Fachbegriffe studieren müssen, um sie nicht an ungeeigneter Stelle einzusetzen.

Ein einziger Fachbegriff sagt dem »Wissenden« oft soviel wie ein Kapitel.

★

Unter Kollegen dagegen wird man eine Sprache finden, die sachlich ist und dem Niveau entspricht. Anders wieder bei den Lehrlingen, denen ist mancher selbstverständliche Begriff zu erklären.

Es gibt unglaublich viele Ebenen, auf die man sich einstellen muß, wenn man Gelesenes wiederzugeben hat.

*Was verstehen wir nun unter Effektivität?*

Schneller müssen wir lesen lernen, sicherer Wesentliches erfassen, so vollständig wie möglich wiedergeben, ergänzen, erweitern, nun noch strukturieren und visualisieren.

Bilder sagen mehr als tausend Worte: Abbildung 13 zeigt, daß wir um so mehr Licht zum Lesen brauchen, je älter wir werden. Text, Bild und Untertext lassen uns bewußt werden, welchen Veränderungen wir unterworfen sind.

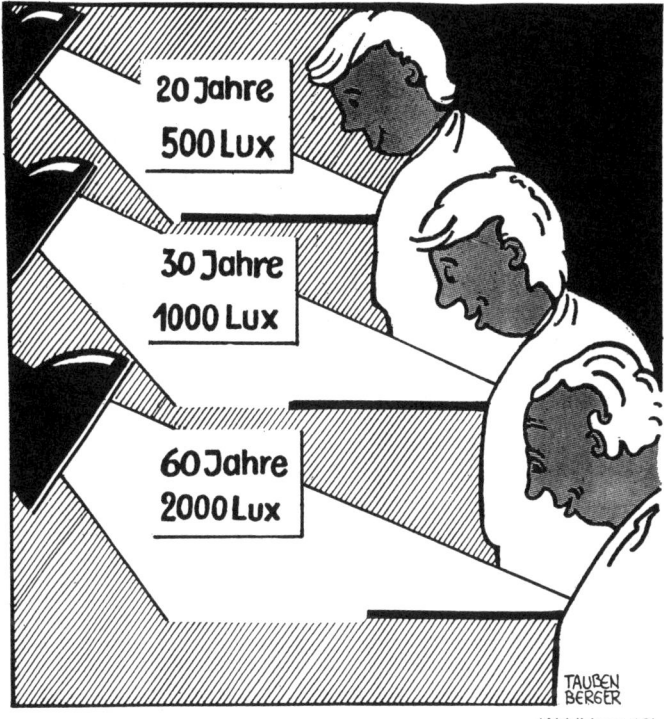

*(Abbildung 13)*

**Je älter wir werden, um so mehr Licht brauchen wir, um gut lesen zu können.**

*Ein 15- bis 20jähriger kommt mit der einfachen Lichtmenge aus, der 30jährige braucht die doppelte, der 40jährige die vierfache.*

*Oder die Lampe muß doppelt, dann vierfach stärker sein! Die dritte – hier nicht dargestellte – Möglichkeit ist, auf die Hälfte, dann auf ein Viertel der Entfernung der Lampe zur Lesefläche zu gehen – dann hätten wir aber sicher schon Schwierigkeiten mit der gleichmäßigen Ausstrahlung.*

*Nur bei einer guten, ausreichenden, gleichmäßigen und blendfreien Beleuchtung wird eine hohe Leseleistung und Auffassungskraft ohne zu starke Ermüdung möglich.*

# 1.9 Kennen Sie Ihre derzeitige Leseleistung?

...mit großer Wahrscheinlichkeit nicht! Sie haben aber die Fakten und Erfahrungen dieses Kapitels gelesen? Dann müßten Sie auf »Anhieb« ein recht gutes Testergebnis erreichen.

*Wollen wir es versuchen?*

① Sie blättern nun mal weiter bis Seite 40, finden dort den Teil »Das Buch als Arbeitshilfe«, lesen diesen Absatz, und tragen Ihr Lesetempo (z.B. 420 Worte/2 Min. = 210 Worte pro Min.) ein.

② Dann klappen Sie bitte das kluge Buch zu und stellen ein Strukturbild dessen auf, was Sie gerade gelesen haben. Das war's. Ist doch gar nicht so schwierig?

Nun ist das Ganze auszuwerten. Ergebnis: rund 60 Anschläge je Zeile, durchschnittlich 17 Silben, was rund 10 Worte je Zeile ergibt. 42 Zeilen à 10 Worte je Zeile = 420 Zeilen.
(Hat ja in Tabelle, Seite 23, schon jemand eingetragen. In Zukunft werden Sie aber den Wortumfang selbst feststellen.)
17 Silben auf 10 Worte bei 60 Buchstaben oder Anschlägen – das ist ein einfacher Text – auch sind nicht viele Fremdwörter drin. Also ist beim Schwierigkeitsgrad 1,0 einzutragen.

**Nun zu Struktur und Informationsinhalt:**

Ihre Strukturierung kann ganz anders aussehen oder effektiver sein als die auf Abbildung 14. Aber sie müßte alle Stichworte enthalten.
Lassen wir das Einleitungsstichwort »Buch« und die Schlußaussage »Information« weg, so haben wir 20 Stichworte. Je Stichwort 5%, sie sind alle gleich wichtig.
Wie viele Prozent Auffassungskraft haben Sie erreicht? Tragen Sie bitte den Wert ein, und multiplizieren Sie ihn mit dem Wert, Lesetempo (Wpm)/100. Sie haben nun Ihre Leseleistung, multipliziert mal Schwierigkeitsgrad 1,0. Auch die Leistungszahl ist gleich hoch.

*Welchen Wert haben Sie erreicht?*

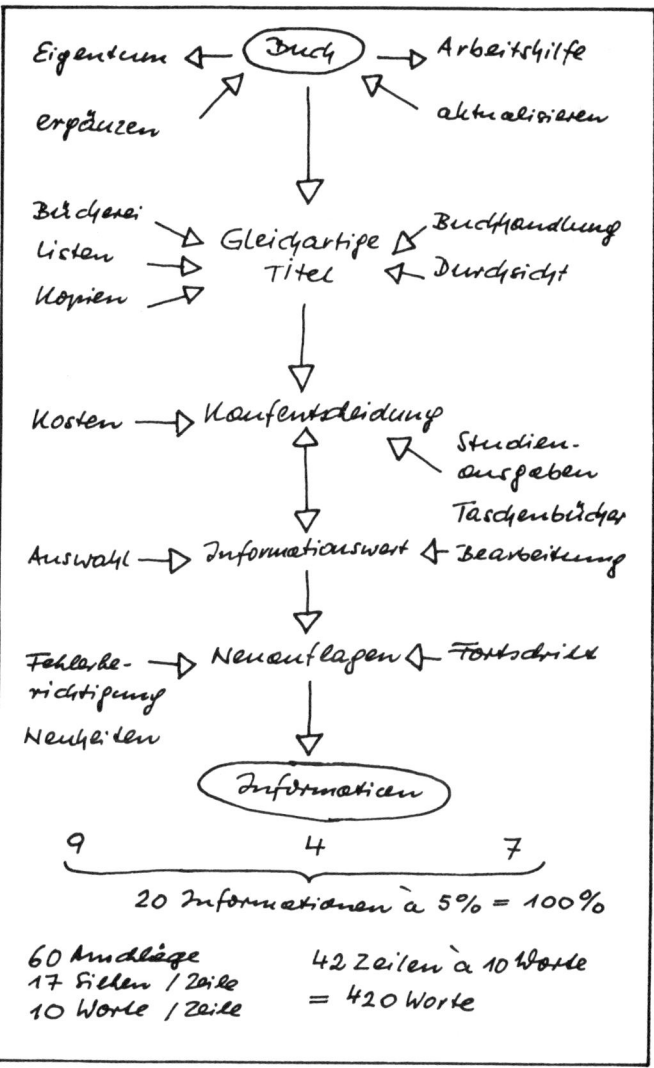

*(Abbildung 14)*

**Einfache, als Skizze ausgearbeitete Struktur von Gelesenem**

*Im Gegensatz zu einer Strukturskizze zur Weitergabe ist diese nur für den »Eigenbedarf« bestimmt. Hier werden nur Fakten genannt, keine Ursachen und Wirkungen analysiert. Je mehr wir uns bei dieser Wiedergabe einer Arbeit annähern, um so besser! Die endgültige Strukturskizze muß weitere Ergänzungen und zusätzlich eigene Überlegungen enthalten.*

# ● Kernpunkt 3:

### Grundsätze der Steigerung der Leistungen beim Lesen, Aufnehmen und Wiedergeben

Wer seine Leseleistung mehr als verdoppeln will, muß Grundsätze akzeptieren, um die Basis des Erfolgs zu schaffen. Die Nutzung einer der folgenden Vorgaben wird bereits bedeutende Vorteile bringen, die Mißachtung den Verzicht auf Chancen!

● Ausgeruhtsein, Gelassenheit, Selbstsicherheit sind ebenso wesentlich wie unverkrampfte Muskeln.

● Das Auge ist unser Leseinstrument schlechthin; nur ein guter Augenarzt kann zusammen mit dem Optiker Störungen korrigieren.

● Zum Lesen gehören eine angenehme Umgebung, eine gute Sitz- oder Liegefläche, vor allem aber eine blendfreie, auf Alter und Eignung abgestimmte Beleuchtung.

● Lesen, Aufnehmen, Bedenken und Wiedergabe sind ein Block und müssen gleichermaßen als geistige Leistung trainiert werden.

● Auch wenn aufgenommene Gedanken im Gehirn gespeichert werden, so ist eine strukturierte Wiedergabe von hoher Bedeutung.

● Die Schulung des Auges – wir lesen in Blickpunkten – umfaßt vor allem die Vergrößerung der Blickspanne und die Orientierung auf Wesentliches.

● Auswahllesen, Bestimmungslesen und Ausarbeitungslesen sind als getrennte Techniken zu nutzen, gegebenenfalls zu kombinieren.

● Die Denk- und Leistungsfähigkeit unseres Gehirns ist wesentlich größer als die Leseleistung des Auges; es kann deshalb gleichzeitig strukturieren und ergänzen.

● Bei Lernvorgängen sind Rückschläge normal, sie sind nicht überzubewerten; Zähigkeit und Ausdauer sind notwendige Voraussetzungen.

● Niemand soll alles auf einmal haben wollen. Techniken sind einzeln einzuüben, zu kontrollieren und erst dann mit anderen zu kombinieren.

Auch die Verbesserung von Lesen, Aufnehmen und Wiedergeben nach Erfahrungen, die Generationen von zielstrebigen Könnerinnen und Könnern machten, ist schwere Lernarbeit. Vorteilhaft dabei ist, daß diese »Weiterbildung« während der beruflichen und sonstigen Tätigkeit erfolgen kann, ja sogar vorteilhaft in sie zu integrieren ist!

## Checkliste: Was ist zu unternehmen, um wirksamer zu lesen?

Unsere Arbeit ist in Grundlage und Theorie, die Vermittlung erster Techniken, die Verbesserung des Auffassens, die Gewinnung und Nutzung von Exzerpten und letztlich in die Vermittlung besonderer Methoden eingeteilt. Ebenso sind die Checklisten aufgebaut. Die erste Frageliste befaßt sich mit den grundsätzlichen Überlegungen und Erfahrungen wirksameren Lesens, was damit erreicht werden kann und welches Umdenken notwendig wird.

| Pos. | Fragen, Fakten, Zusammenhänge | erfüllt |
|:---:|---|:---:|
| ① | Spüren Sie, daß Sie wesentlich schneller denken als lesen können und dadurch beachtliche Reserven brachliegen? | |
| ② | Sind Sie bereit, etwas dafür zu tun, um bei gleicher oder besserer Aufnahmefähigkeit schneller lesen zu können? | |
| ③ | Haben Sie ermittelt, wieviel Zeit Sie einsparen, wenn Sie Ihre Lesegeschwindigkeit auch nur verdoppeln können? | |
| ④ | Werden Sie sich neben dem »Schnellerlesen« und dem besseren Auffassen auch um eine wesentlich bessere Wiedergabetechnik bemühen? | |
| ⑤ | Haben Sie als ersten Schritt eine Auswahl der Zeitungen und Bücher getroffen, deren Wirkung sehr informativ ist? | |

| Pos. | Fragen, Fakten, Zusammenhänge | erfüllt |
|------|-------------------------------|---------|
| ⑥ | Hat das Ablesen von Bildschirmen und Tageslichtprojektionen auch für Sie Bedeutung, und haben Sie überlegt, wie Sie hier besser, wirksamer und müheloser ablesen können? | |
| ⑦ | Wollen Sie so weit kommen, daß Sie während des Lesens in das Wiedergabekonzept eigene Gedanken einbauen? | |
| ⑧ | Sind Sie sich klar geworden, wie eine Leseleistung aus Lesegeschwindigkeit und Auffassungskraft entsteht, wie man damit Lernfortschritte und Leistungsstufen mißt? | |
| ⑨ | Erkennen Sie, daß die Auffassung und die Wiedergabe noch bedeutsamer sind als die Geschwindigkeit, die beim eigentlichen Lesen erreicht wird? | |
| ⑩ | Haben Sie die Vielzahl der Stufen verinnerlicht, die von den ersten Schritten, besser zu lesen, hin zu hoher Effektivität führen? | |
| ⑪ | Erkennen Sie die Notwendigkeit regelmäßiger Leistungstests an, um Ihre Fortschritte auch entsprechend zu erkennen? | |
| ⑫ | Werden Sie den toten Punkt, der beim Lesetraining auftritt, mit Übungen und Zielstrebigkeit überwinden und zur Spitze vorstoßen? | |
| ⑬ | Waren Sie beim Augenarzt, und haben Sie sich, falls nötig, die ideale Brille beschafft? | |
| ⑭ | Haben Sie die Tatsache schon erkannt und genutzt, daß unser Auge auch Wortumrisse erkennen kann, was zu schnellerem Lesen führt? | |
| ⑮ | Wollen Sie durch systematisches Training die Zahl nötiger Blickpunkte verkleinern, die Blickspanne beträchtlich vergrößern? | |

| Pos. | Fragen, Fakten, Zusammenhänge | erfüllt |
|------|-------------------------------|---------|
| ⑯ | Erkennen Sie, daß die Blicklinie in den Oberlängen ausreicht, um Sätze zu erfassen, sen, die Hälfte der Unterlängen eigentlich nicht gelesen werden muß? | |
| ⑰ | Erkennen Sie an, daß Sie nichts, gar nichts mit Gelesenem anfangen können, wenn die Einordnung in Ihr Wissen und die Wiedergabefähigkeit unzureichend sind? | |
| ⑱ | Werden Sie das Gliedern, das Strukturieren von Gelesenem zur Meisterleistung bringen und eigene kreative Gedanken einbauen? | |

Jeder Punkt, den Sie mit »erfüllt« eintragen, ergibt eine Chance mehr – zusätzlich zu denen, die Sie heute schon haben!

### Die Überlegung:
### Nicht die schnellsten Leser sind die erfolgreichsten!

Erfolgreich, effektiv ist nicht der Leser, der viel schnell liest, sondern der, der etwas bewirkt. Lesen ist damit eine der wesentlichen Zwischenstufen, die zur eigenen, möglichst kreativen Leistung führen müssen.

Lesen schafft Wissen, Wissen ist Macht, wenn es genutzt und angewandt wird, Macht muß nicht immer negativen Charakter haben. Wissen ist Einfluß, Wissen kann Menschen verändern, Wissen kann und sollte wieder Schrift werden, die anderen hilft.

Wer effektiver liest, wird auch wirkungsvoller auffassen; er wird lernen wiederzugeben, sich und andere damit zu bereichern. Schnell und gründlich lesen können, sicher logisch und intuitiv auffassen, nüchtern strukturieren und wiedergeben, Gelesenes erweitern und bereichern können ist die Grundlage jeder Karriere!

# Kernziele des Lesetrainings:

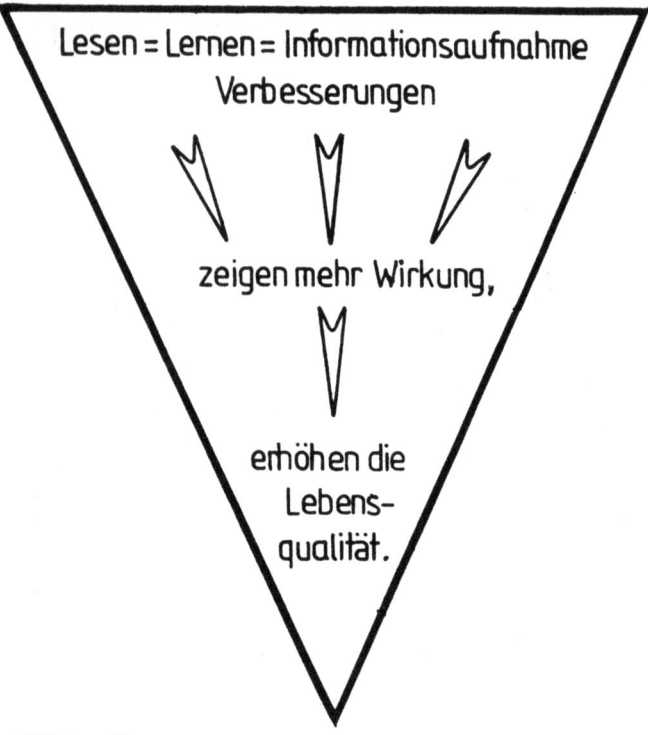

Lesen = Lernen = Informationsaufnahme
Verbesserungen

zeigen mehr Wirkung,

erhöhen die
Lebens-
qualität.

*(Abbildung 15)*

### Grundsätze des Lesetrainings

*Wenn über die Verbesserung der Leseleistung nachzudenken ist, bilden stets die fünf Kernbereiche jedes Lesetrainings die Grundlage:*

1. *Lesen heißt immer auch lernen.*
2. *Lernen bedeutet Informationsaufnahme.*
3. *Informationen sind nur sinnvoll, wenn sie eine Wirkung erzielen.*
4. *Wirkungen müssen zur Verbesserung der Lebensqualität führen.*
5. *Lebensqualität ist Verwirklichung von Zielen, von Wohlbefinden, von persönlichem Glück.*

*Alle Einzelmaßnahmen haben sich diesen Feststellungen unterzuordnen.*

# 2 Vom herkömmlichen Lesen zum dynamischen

Wir haben zusammen überlegt, wie ausgehend vom konventionellem Lesen die Lese- und Aufnahmefähigkeit gesteigert werden können, und in einem ersten Test Ihre derzeitige Leseleistung festgestellt. Erfahrungen aus Kursen und Eigenarbeit mit Unterlagen zeigten, daß beachtliche Reserven – auch beim Ablesen von Medien wie Bildschirmen und Bildwänden – zu aktivieren sind. Viele Gesetzmäßigkeiten, wie das Problem des Leistungsrückschlages nach einer bestimmten Schulungszeit oder die Grundlagen der Funktion eines Auges mit Blickpunkt und Blickspanne, die Möglichkeiten, weniger zu lesen und doch mehr aufzunehmen, haben wir besprochen.

Klar wurde, daß die Auffassungskraft von Inhalten noch bedeutsamer als die Schnelligkeit des Lesens ist. Die Techniken der Messung von Lesetempo, Fassungskraft und Leseleistung ergaben sich praktisch von selbst.

Der erste Teil brachte Grundlagen, Theorie, Erfahrungen, Überblick und Meßtechnik, der zweite Teil hat die Aufgabe, »in die Tiefe« zu gehen und einführende Techniken praktisch zu vermitteln.

## 2.1 Von der Auswahl des Lesestoffes

Die Flut der Zeitungen, der Bücher, auch der Fachliteratur verlangt für unsere berufliche und persönliche Arbeit eine sorgfältige Auswahl.

*Diese muß vor allem zwei Bereiche umfassen:*

① Die Auswahl der informativsten und am besten aufbereiteten Unterlagen, z. B. Zeitungen, Zeitschriften und Fachbücher bzw. Literatur.

② Die Beschränkung innerhalb dieses Schrifttums auf das, was Bedeutung hat, bzw. die Ausschaltung von allem, was als Füllstoff und Ballast eingearbeitet wurde.

Leider haben wir bei *Tageszeitungen* wenig Auswahl, soweit sie neutral, d. h. nicht politisch, orientiert sind. Hier werden wir diejenige wählen, die auf der Vorderseite in einer Spalte bereits eine Kurzfassung des Inhaltes bringt, zum anderen gegliedert ist; eine Zeitung, bei der vor allem die einzelnen Interessenbereiche nicht durcheinandergewürfelt, sondern gut und getrennt zusammengefaßt sind.

Bei *Wochenzeitungen* sollten wir trennen – einmal im Wechsel Illustrierte nehmen, die den aktuellsten Klatsch enthalten, aus dem doch eine Fülle von Trends erkennbar sind; zum anderen eine, die in gut recherchierten Beiträgen auch Unterlagen für unsere tägliche allgemeine Information bietet. Es lohnt sich, derartige Beiträge auszuschneiden und nach einer unseren Bedürfnissen angepaßten Ordnung als Unterlage aufzubewahren.

*Fachzeitungen* werden oft gekauft und gesammelt, womöglich noch gebunden, und dann guckt kaum noch jemand rein! Zum anderen ist Fachliches, das älter als drei Jahre ist, ohnehin kritisch zu bewerten. Wenn Sie derartige Zeitschriften nicht archivieren wollen, mit Inhaltsverzeichnis und gezielter Ordnung, dann »schlachten« Sie doch alle, die älter sind als zwei Jahre, und bewahren Sie den Anteil des Inhaltes, der noch nützlich sein kann, nach Fachgebieten geordnet auf. Dort werden Sie die nötigen Informationen wiederfinden – schnell und komplett.
Bei anderem Schrifttum? Besonders bei fachlich orientierten Büchern werden wir beachtlich umdenken müssen.

## 2.2 Das Buch als Arbeitshilfe

Auch wenn ich mich nun gleich »unpopulär« mache – nach Möglichkeit sollten die Bücher, die Sie durcharbeiten müssen, weil Interesse oder Beruf es verlangen, auch Ihnen gehören.

Warum? Weil ein Buch erst wertvoll wird, wenn wir es mit den eben angesprochenen Zeitungs- und Zeitschriftenausschnitten, mit eigenen »Zutaten« und Ergänzungen »aktualisieren« und es auf das eigene Spezialgebiet ausrichten.

*Wie aber das beste Buch finden?*

Bitten Sie Ihren Buchhändler oder Ihre Buchhändlerin, daß Sie die Titel der derzeitigen zugänglichen Literatur aus dem Nachschlagewerk mit Titel und Autoren lieferbarer Bücher nach Stichwort heraussuchen können. Achten Sie aber dabei auf die Zahl der Auflagen und die Jahreszahl der letzten Auflage. Größere Büchereien und Buchhandlungen geben heute die Möglichkeit, eine derartige Titelsammlung nach Stichwort mit Computer auszudrucken. Die kleine Gebühr lohnt sich immer!

*Gute Büchereien,* auch an Schulen, erlauben die Durchsicht teurer Bücher und erleichtern die Kaufentscheidung. Sind nur wenige Kapitel oder Seiten verwendbar, ist die Möglichkeit des Kopierens gegeben.

Doch bei einer solchen Lektüre-Auswahl müssen wir uns Lesetechniken bedienen, die noch zur Sprache kommen sollen.

Vergessen wir nicht, daß es *gute Studienausgaben* gibt und Wesentliches auch in Form von *preiswerten Taschenbüchern* geboten wird. Derartige Bücher kosten weniger als eine Arbeitsstunde! Bei einer sorgsamen Auswahl lohnt der Kauf immer.
Auch Bücher haben »tote« Seiten ohne Informationswert für uns.

*Wie kann man diese ausschalten?*

Ich gehe hier rüde vor und schneide nach der ersten Durchsicht bei allen Blättern, mit denen ich nichts anfangen kann, die rechte obere Ecke weg. Abbildung 16 auf Seite 42 zeigt, wie so etwas aussieht. Die Seiten, die später bearbeitet werden, sind so deutlich markiert. Nach der Bearbeitung werden auch da die Ecken gekappt. So ist auf einen Blick zu erkennen, wie weit ein Buch bereits genutzt wurde. Ist mal eine zweite Überarbeitung nötig, hat das Buch ja noch eine zweite Ecke, die man abschneiden kann. Sollte uns wohl die dritte fehlen, kaufen wir uns besser eine Neuauflage.

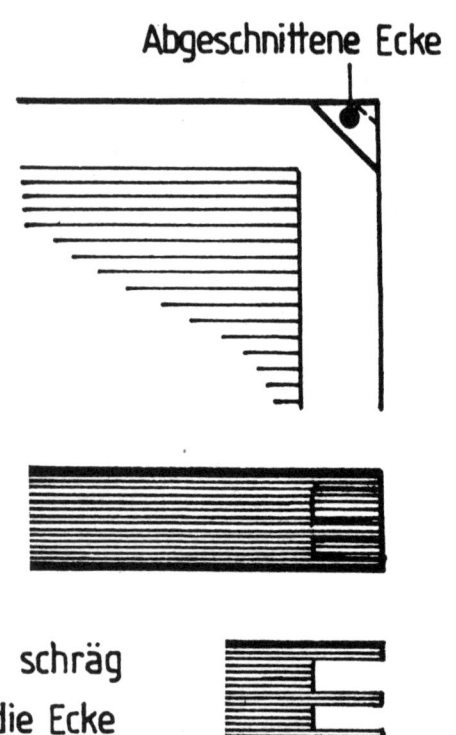

**Abgeschnittene Ecke**

Blick schräg
auf die Ecke

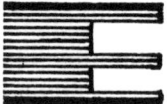

Selektion brutal:
unbrauchbaren Blättern
die obere rechte Ecke
abschneiden !

*(Abbildung 16)*

*Was ist die wirksamste Maßnahme, in Büchern zu kennzeichnen, was Füllstoff
und unbrauchbar ist, für alle Zeiten? Wenn uns das Buch gehört, schneiden wir
die obere rechte Ecke ab. Sie finden dann auf den ersten Blick die zu bearbei-
tenden Stellen.*
*Und wenn die Seiten und Blätter bearbeitet sind? Dann wird die Ecke nur ein
bißchen abgekippt. Sie müssen sich zumindest bei Fachbüchern daran gewöhnen, daß Bücher Arbeitsmittel sind und von Ihnen gestaltet werden müssen.*

# Checkliste zur besseren Auswahl
# von Lehr- und Lernbüchern

Schneller und mehr behalten ist nicht nur eine Frage des Trainings, sondern auch der Wahl des richtigen Buches. Besonders Lehrbücher sind sehr unterschiedlich »aufbereitet«, auch sind für jeden Themenkreis mehrere verschiedene Ausgaben auf dem Markt.

*Von besonderer Bedeutung ist folgendes:*

| Pos. | Fragen, Fakten, Zusammenhänge | erfüllt |
|---|---|---|
| ① | Sagt der Titel klar aus, was geboten wird, und deckt sich die Aussage mit unseren Zielen? | |
| ② | Sind der oder die Verfasser bekannt für fachliche Kompetenz und eindeutige Darstellung? | |
| ③ | Ist die Aktualität gesichert, wird der aktuellste Stand von Technik und Forschung geboten? | |
| ④ | Aus welchem Auflagejahr stammt das Buch, wann wurde es das letztemal überarbeitet? | |
| ⑤ | Bringt der Schutzumschlag oder die Rückseite eine deutliche Aussage über Inhalt und Ziele? | |
| ⑥ | Ist der Verlag bekannt für gediegene, ausgereifte Information? | |
| ⑦ | Sagen Vor- und Geleitworte aus, daß das Buch die von uns erwarteten Lösungen enthält? | |
| ⑧ | Bringt das Inhaltsverzeichnis Auskunft über die nötigen Details? | |
| ⑨ | Sind die Kapitelüberschriften logisch und klar aufgebaut, auf ein Gesamtziel ausgerichtet? | |

| Pos. | Fragen, Fakten, Zusammenhänge | erfüllt |
|---|---|---|
| ⑩ | Enthält das Buch Seiten- und Randbemerkungen, die den Stoff zusätzlich untergliedern? | |
| ⑪ | Werden im Text oder mit Fußnoten Quellen und Namen von Autoren und Büchern angegeben? | |
| ⑫ | Sind die Gliederungen aussagekräftig, aufbauend und zweckmäßig angelegt? | |
| ⑬ | Wurden Textaussagen übersichtlich in Tabellen zusammengefaßt? | |
| ⑭ | Zeigen Skizzen Abläufe und Zusammenhänge auf, übersichtlich und einfach? | |
| ⑮ | Sind Fotos mit Dokumentarkraft eingeblendet, die neue Entwicklungen zeigen? | |
| ⑯ | Werden Schema- und Strukturdarstellungen zusammenfassend eingesetzt? | |
| ⑰ | Zeigen Zusammenfassungen am Ende der Kapitel, worauf es besonders ankommt? | |
| ⑱ | Wird ein Gesamtfazit am Ende des Buches gezogen, den gesamten Rahmen umspannend? | |
| ⑲ | Werden Statistiken geboten, die Entwicklungen belegen? | |
| ⑳ | Ist das Register eine Fundgrube an Informationen, nach der man arbeiten kann? | |
| ㉑ | Werden Fremdworte zum Abschluß (Glossar) oder im Text ausreichend erklärt? | |
| ㉒ | Enthalten die Literaturangaben Werke, deren Aussagen noch Bestand haben? | |

Wenn möglichst alle Fragen positiv beantwortet werden können, dann wird ein optimales Lesen möglich. Dabei sind hier die »Feinheiten« der didaktischen und methodischen Bearbeitung unberücksichtigt geblieben. Gleiches gilt für die »didaktische Reduktion«, die Bearbeitung für einen speziellen Leserkreis.

## 2.3 Aktivere Lesegewohnheiten gewinnen

Wir werden, so zeigt sich bereits jetzt, drei wesentliche Lesetechniken brauchen (es werden aber noch viel mehr!):

① Eine Lesetechnik, mit der z.B. im Überblick erkannt werden kann, ob wir ein Buch kaufen sollen oder nicht.

② Eine, mit der wir aus diesem Buch die wesentlichen Stellen heraussuchen können, die zu bearbeiten sind.

③ Dazu noch eine, mit der wir Details erfassen, die Basis unserer eigenen Zusatz- und Ergänzungsarbeit sind.

Für den ersten Fall wird oft das *diagonale Lesen* empfohlen: Von der linken Ecke wird schräg zur unteren rechten Ecke überflogen; auch wenn noch je zwei Blickpunkte bei den Eckfeldern angesetzt werden, können doch wesentliche Informationen verlorengehen. Abbildung 17 zeigt die Vorgehensweise.

## Felder außerhalb des Sichtbereiches

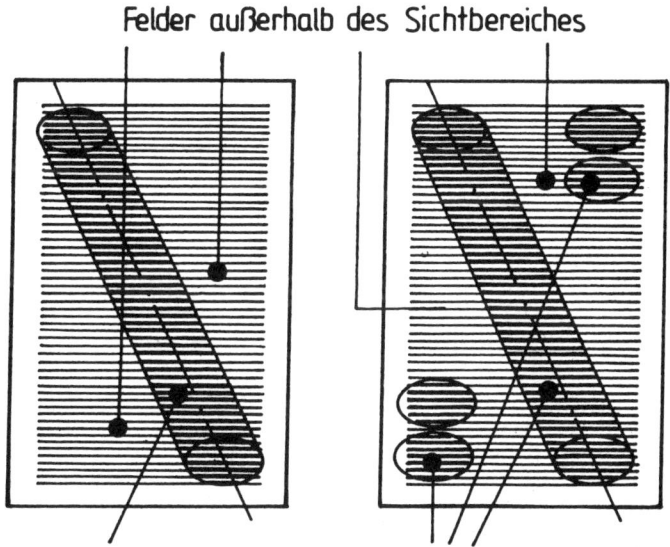

## Diagonallesen ohne und mit Eckfeldern

*(Abbildung 17)*

*Auch landläufig hochgepriesene Lesemethoden zeigen sich bei nüchterner Betrachtung als ungeeignet, zumindest aber mangelhaft. Mit dem »Schräglesen« wird nur ein Teil des Feldes genutzt, da helfen auch Eckfelder nicht viel. Die gewonnene Leseschnelligkeit kann keineswegs die verminderte Auffassungskraft für den Inhalt ausgleichen. Sie müssen sich nach anderen besseren Methoden umsehen.*

Besser ist es, *kursorisch* mit sehr breiten Blickfeldern zu lesen; mit einem Blick können dann bis zu 35 Maschinenschriftbuchstaben erfaßt werden. Jede Textstelle wird erreicht – auch z. B. im Bereich des Inhaltsverzeichnisses oder der Einleitung. Die Vorentscheidung wird getroffen: Es lohnt, zu lesen.

Im zweiten Fall wird mit etwas zurückgenommener Blickspanne und geringerer Lesegeschwindigkeit innerhalb der Seiten das festgestellt und *markiert,* was zu bearbeiten ist. Im Buch werden Farbmarken und Zeichen angebracht, auch Einlagen, wie sie in Abbildung 18 dargestellt werden.

*(Abbildung 18)*

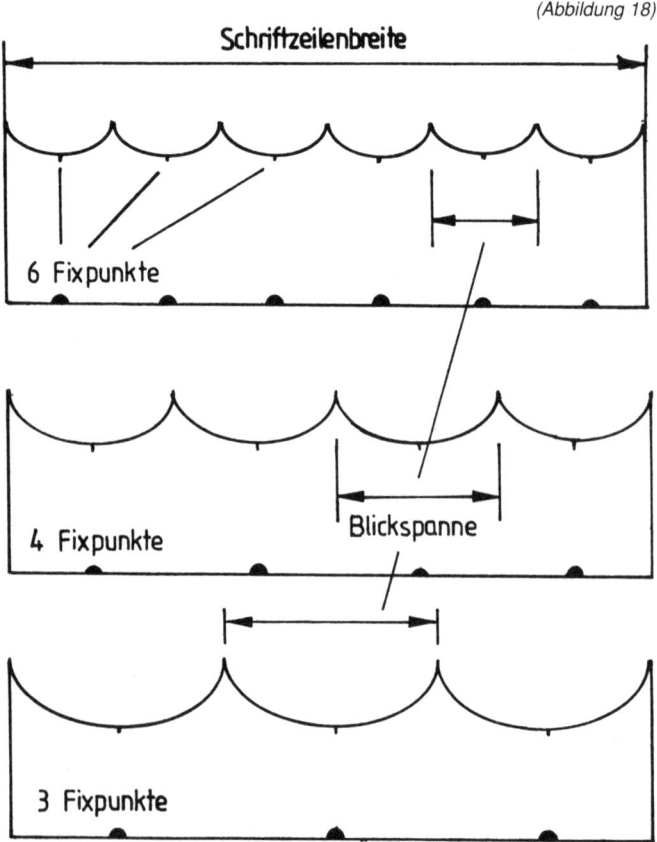

Schriftzeilenbreite

6 Fixpunkte

4 Fixpunkte    Blickspanne

3 Fixpunkte

Haltepunkt- oder Fixationsschablonen als Hilfe zur Erweiterung der Blickspanne

46

Der dritte Bearbeitungsgang umfaßt dann das, was man als *korrigierendes Lesen* bezeichnet. Eigenes Wissen – selten werden wir völlig neue Texte zu lesen haben – ist zu überprüfen, das Unbekannte zu markieren und zu bedenken. Alle Lesetechniken im Wechsel sind zweckmäßig, auch das Tempo wird nach Schwierigkeitsgrad verändert.

> Aktive Lesegewohnheiten setzen das Bedürfnis voraus, nicht nur Wissen zu übernehmen, sondern bereits beim Lesen das Gelesene sorgsam zu durchdenken, zu überprüfen und im Gedächtnis festzuhalten. Wenn hier bereits kreativ eigene Gedanken eingebaut werden – um so besser!

## 2.4 Besonders wesentlich: die Blickspannenerweiterung

Wir haben bereits bei Kapitel 1.6 erste Überlegungen zu den Fähigkeiten des menschlichen Auges angestellt, uns mit Augenbewegungen, Augenhalten, Blickspannen und deren Vergrößerung befaßt. Ziehen wir nun unsere Schlüsse daraus, und gehen wir ins Detail.
Wir wissen also, daß man durch einfaches Training Blickspannen flächenmäßig verdoppeln, verdreifachen, vervielfachen kann.
Sehen wir uns Abbildung 19 auf Seite 48 an. Hier hat man schön die Blickspannen aneinandergereiht, ist zuerst auf acht Blickspannen gekommen, dann mit Training auf nur vier Blickspannen, mit

◁ *(Abbildung 18)*

**Haltepunkt- oder Fixationsschablonen**

*Sie sind für den »Anfänger« gedacht, der seine Blickspanne erweitern will. Die Streifen werden aus Karton oder dünnem, aber steifem Kunststoff hergestellt. Sie können sowohl von oben (man liest dann die Zeile darunter) und unterhalb der Zeile aufgelegt werden. Die Schablonen können auch in gerader Form angefertigt werden; das hat den Vorteil, daß, von oben geführt, ein »Nachlesen« nicht möglich ist. Einfacher ist es, die Schablone umzudrehen und die Punkte zu beachten. Die Schablonen mit »ovalen Blickspannen« haben den Vorteil, daß die unterhalb der Lesezeile liegende Zeile vorgelesen werden kann. Nachteilig ist die Festlegung des Blickpunktes, der besser an den wesentlichen Worten zu orientieren ist.*

Übung auf drei Blickspannen je Zeile bei DIN-A4-Format. Dies ist bereits eine beachtliche Steigerung der Lesegeschwindigkeit.

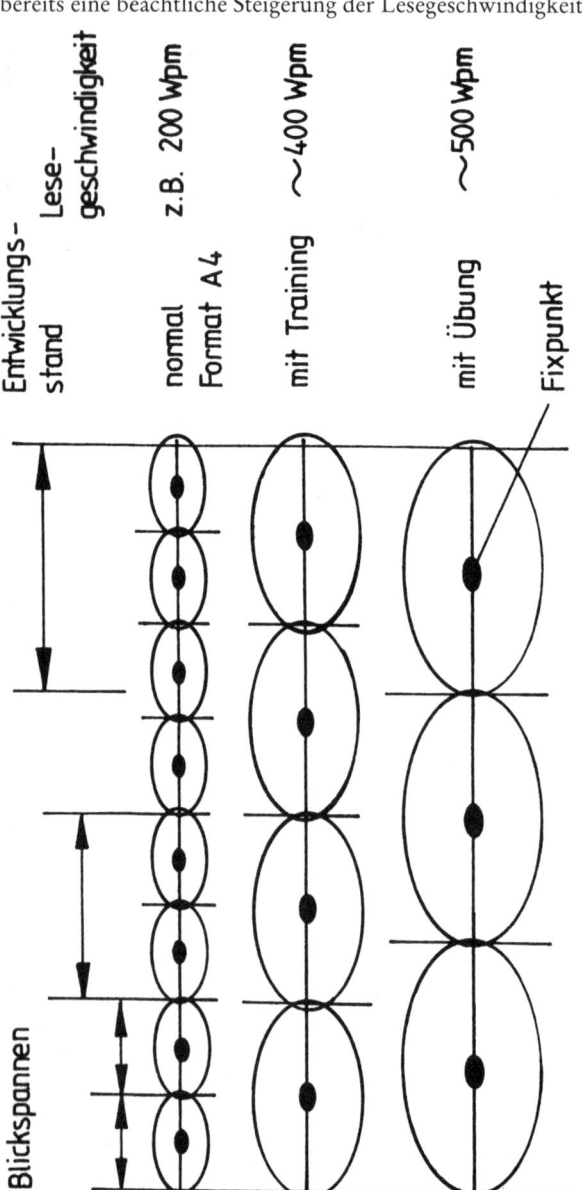

Die horizontale Erweiterung der Blickspannen und ihre Wirkung *(Abbildung 19)*

*Wie trainiert man diese Methode?*

Zur Erweiterung der Blickspanne sind zwei einfache Hilfen gut geeignet; einmal die in Abbildung 18 (Seite 46) gezeigten Haltepunkt- oder Fixationsschablonen, zum anderen der Fixationsfächer aus Klarsichtfolie (vgl. Abb. 20, Seite 50). Bei den Schablonen können zwei Seiten genutzt werden, zum einen die mit ausgesparter Blickfläche zur Übung des peripheren Sehens, zum anderen die gerade glatte Seite. Der Fächer ist eine andere Form, hier wird durch die Folie gelesen.

Aufgabe ist es nun, ausgehend von den kleineren Blickspannen, diese zu weiten und immer größere Blickspannen zu erreichen. Die Schablonen werden einfach ausgewechselt, der Fixationsfächer wird hochgeschoben. Alles in allem wird mit diesen nützlichen Hilfen eine gute Zwischenstufe erreicht.

◁ *(Abbildung 19)*

**Die Bedeutung von Fixpunkten und Blickspannen beim Lesen**

*Offensichtlich können wir Informationen bzw. Zeichen nur aufnehmen, wenn das Auge auf einen Punkt fixiert ist.*

*Dabei ist von Bedeutung:*

- ■ *Gesehen wird im Kernbereich sowie innerhalb einer Peripherie.*

- ■ *Die Blickspanne ist bei DIN A4 und rund 60 Anschlägen ungeübt sechs- bis achtfach, auch überlappend eingesetzt.*

- ■ *Diese Blickspanne kann durch Training so erweitert werden, daß nur noch drei bis vier Fixpunkte nötig sind.*

- ■ *Dadurch kann mehr als eine Verdoppelung der Lesegeschwindigkeit erreicht werden.*

*Die Größe der Blickspanne beruht auf Gewöhnung, durch die Schulung des »peripheren Sehens« können mit einem Blickpunkt 20 Zeichen und mehr erfaßt und verstanden werden. Hinzu kommt, daß wir beim Lesen oft bedeutende Lücken zwischen den Blickspannen lassen, in denen nur verbindende Worte stehen.*

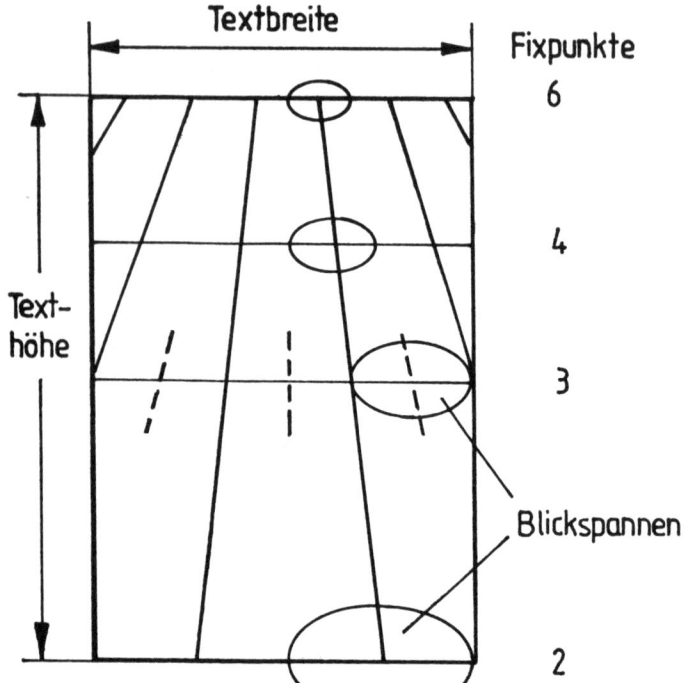

Fixationsfächer auf Klarsichtfolie als Hilfe
zur Blickspannenerweiterung

**Fixationsfächer auf Klarsichtfolie**                    (Abbildung 20)

*Auf der oberen Seite sind die schmalen Blickspannen, unten die breiten ange-
ordnet. Diese Fächer sind sowohl für Übungen zu verwenden, wenn die Folie auf
die Druckseite gelegt wurde und von oben nach unten mit wachsender Blickspanne gelesen wird, als auch für das Lesen mit einer ausgewählten Blickspanne, bei der die Leseebene gleich bleibt. Ein gutes »Instrument«, von den
einfachen Blickspannenübungen zu denen, die sich nach der Bedeutung der
Worte orientieren, zu führen.*

# 2.5 Die Schulung des peripheren Sehens

Peripheres Sehen ist ein Wahrnehmen der Randbereiche des Blickfeldes. Mit etwas Schulung sind die Randbereiche der Netzhaut ohne weiteres in der Lage, ein Drittel einer Schreibmaschinenzeile – zusammen mit dem Kernbereich – aufzunehmen. Das sind 20 bis 25 Zeichen oder drei bis vier Worte. Es ist sogar möglich, 30 Zeichen zu umfassen.

Welche Wirkung das hat, zeigt Abbildung 21.

| | Worte | Fixationen | Fixationen/Wort |
|---|---|---|---|
| Buchstabieren ist zu langsam | 4 | 36 | 9 |
| Silbenlesen ist zu langsam | 4 | 8 | 2 |
| Worte lesen ist immer noch unrationell | 6 | 6 | 1 |
| Gute Leser lesen Satzteile | 4 | 2 | 0,5 |

Veränderung der Fixationen/Wort nach der Art des Lesens

*(Abbildung 21)*

*Ziel der Erweiterung der Blickspanne ist die Reduzierung der Fixationen je Wort. So braucht man beim Buchstabieren rund 18mal so lange, beim Silbenlesen 4mal so lange, beim Wortelesen rund 2mal so lange, als wenn ganze Satzteile gelesen werden. Der Zeitverbrauch entspricht etwa diesen Werten. Hier steckt das Geheimnis der Lese-Leistungssteigerungen!*

■ Wer buchstabiert, braucht neun Fixationen je Wort – im Durchschnitt.

■ Wer Silben liest, der braucht noch deren zwei.

■ Beim Lesen von Worten wird – natürlich – nur noch eine Fixation je Wort nötig sein.

■ Beim peripheren Lesen, bei dem nicht alle Worte direkt in der Blickfläche liegen müssen, braucht man nur noch 0,5 Fixationen je Wort.

Wenn Sie Silbenleser sind, können Sie Ihr Lesetempo immerhin vervierfachen! Der »Worteleser« verdoppelt seine Leistung. Weil aber in unserer Berechnung die Auffassungskraft, das Aufnahmevermögen, miteingeht, brauchen wir eine größere Reserve, als uns diese Erkenntnis, die Technik und die nötige Übung bringen.

Auch beim Ausmerzen von Fehlern kann man Vorteile gewinnen!

# 2.6 Die beiden wesentlichen Lesefehler ausmerzen!

Eigentlich ist ein Aneinanderreihen von Blickspannen bereits ein Lesefehler, auch wenn wir diese Art des Lesens als Zwischenstufe für unsere Übungen akzeptieren. Wir müssen diesen Weg gehen, um besser peripher sehen zu lernen.

**Nun zu den beiden wesentlichen Lesefehlern:**

①  Angenommen, Sie haben Ihre Blickspanne gesteigert. Oder sie ist Ihnen in ihrer Größe noch gar nicht bewußt. Dann werden Sie Gefahr laufen, mit überlappenden Blickspannen zu lesen – wie auf der Abbildung 22 A dargestellt! Sie brauchen immer noch sechs Blickpunkte je Zeile, obwohl sie mit nur vier zurechtkommen würden. Bei Abbildung 22 B wurde nur das Wörtchen »*das*« ausgelassen. Da wir perfekt verstehen können, ohne alle Worte gelesen zu haben, bestehen hier noch beachtliche Reserven, besonders dann, wenn wir gelernt haben, die Blickspannen bzw. die Blickpunkte auf die Schwerpunktworte zu richten.

②  Abbildung 23 zeigt das Lesen mit Rückschwüngen. Noch vor wenigen Jahren hätte ich dieses »chaotische Lesen« als den schwersten Lesefehler überhaupt ohne jede Einschränkung verdammt. Für den Anfänger und den »Nur-Leser« gilt das sicher heute noch. Bei ihm können sowohl die Lesegeschwindigkeit als die Auffassungskraft durch den Rückschwung völlig zum Zusammenbruch gebracht werden.

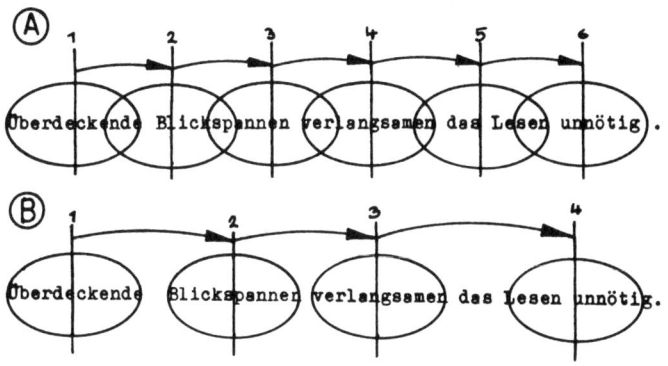

## Blickspannen voll nutzen !

*(Abbildung 22)*

*Ängstliche Leser nutzen selten ihre Blickspanne aus. Sie wollen nichts versäumen und setzen (A) z. B. sechs Blickspannen bzw. Blickpunkte an, wo auch ohne viel peripheres Lesen vier Blickspannen genügt hätten. Die Leseleistung läßt sich auch ohne die Erweiterung der Blickspanne um rund die Hälfte vergrößern.*

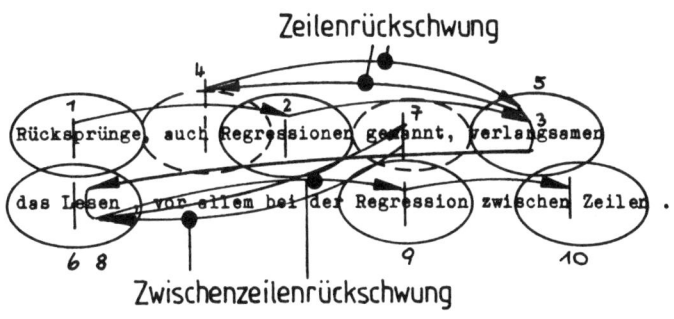

## Rückschwünge führen zum Lesechaos !

*(Abbildung 23)*

*Rückschwünge sind Blickrückführungen auf Worte, die nicht oder nur unzureichend verstanden wurden; sie werden auch Regressionen genannt. Sie führen nicht nur beim Lesen zu einem »Chaos«, sondern auch beim Aufnehmen und können so leicht die Leseleistung halbieren.*

Was für den weniger Fortgeschrittenen ein beachtliches Hemmnis sein kann, ist es vielleicht für den Könner die Chance? Wenn Sie nur Gelesenes wiedergeben wollen, dann ist Regression falsch. Das ist nichts für Studierende, die sich auf eine Prüfung vorbereiten wollen und die einfach Wissen wiedergeben müssen.

## 2.7 Kann man mit »chaotischem Lesen« erfolgreicher werden?

Sie werden nicht mehr überrascht sein – fremde und eigene Untersuchungen zeigen, daß unter ganz bestimmten Bedingungen die Antwort »ja« sein muß.

### Es trifft dies vor allem zu:

Wenn ein *Könner* seiner Branche ein *Fachbuch* liest, so wird er mit sehr breiten und sehr engen Blickspannen arbeiten und die Regression gezielt nutzen. Seine Blickspanne ist auch vertikal sehr groß, so daß er nicht nur Sätze, sondern auch Zeilen unter- oder übereinander liest, oft viele auf einmal, mit einem einzigen Blick. Nur müssen sie »bekannt« sein. Bekannte Muster werden übergangen, überhuscht, geachtet wird wie in einem Rätsel nur auf das Unbekannte, das im Text versteckt ist und nur gefunden werden muß. Hat das Auge »Unbekanntes« erwischt, wird das Blickfeld kleiner, wird die Seite abgesucht, ob vielleicht etwas übersehen worden ist. Dem Suchlesen folgt das Bestimmungslesen, dann das Aufnahme- und Veränderungslesen. Veränderungslesen deshalb, weil eigene Gedanken in das Bekannte und das Neue des Gelesenen miteinfließen. Die Regression ist Teil dieses Lesens und Grundlage kreativer Prozesse, ja der Anreiz dazu.

★

Haben Sie schon mal einen erfahrenen, geübten Lehrer, gleich, welcher Klasse und welchen Schultyps, beim *Korrigieren* beobachtet, oder auch nur bei einer Diskussion in seinem Fachgebiet? Sein Blickfeld kann eine DIN-A4-Seite umfassen. Ein einziger Blick – die eine falsche Zahl, der falsche Buchstabe werden erkannt. Ist das chaotisches Lesen, oder ist das ein anerzogener sechster Sinn?

Die Antwort ist einfach: Durch jahrelange Übung sind Texte, und Muster so »eingebrannt«, daß ein Fehler einem wie ein Schlag »ins Auge springt«. Mit weiter Blickspanne, horizontal und vertikal, wird die Arbeit des Schülers überflogen, alles, was richtig ist, abgehakt. Nun kommt der Fehler: Jetzt wird die Angst wach, daß andere Fehler beim »Suchlesen« übersehen wurden. Das Auge springt »chaotisch« quer und längs über das Blatt. Wird ein Fehler zusätzlich gefunden, beginnt ein systematisches Lesen mit kleinerer Blickspanne.

> Diese »Zwischenüberlegung«, für viele Leser als Exkurs zu sehen, zeigt, wie kritisch man sich selber überprüfen soll. Nicht alles, was als falsch oder schlecht gilt, ist es auch. Hinzu kommt die Fülle der individuellen Fähigkeiten des Menschen, auf die seine Methoden abzustimmen sind.

## 2.8 Vom senkrechten Lesen, zweiteilig versetzten und vom Schwerpunktlesen

Unsere Überlegungen zu Blickpunkten und Blickspannen sollen nun – wenigstens vorläufig, zu einem Endpunkt kommen. Die Abbildungen 24 (Seite 56) und 25 (Seite 58) bilden so etwas wie eine Zusammenfassung.
Sehen wir, was sie aussagen wollen.

Bücher sind unterschiedlich breit, Buchstaben haben verschiedene Typen, Zeitungen werden in Spalten gesetzt. Wir haben gelernt, mit unterschiedlichem Lesetempo zu »arbeiten«. Vor allem ist unsere Blickspanne viel weiter geworden. Sie umfaßt bei DIN-A4-Format in der Breite eine drittel Seite, in der Höhe zwei Zeilen. Warum dann nicht Zeitungsspalten senkrecht, von oben nach unten, mit einem Fixpunkt je Zeilenbreite lesen? Wenn der Stoff einfach ist, im Zweizeilenrhythmus, nur bei wichtigen Zeilen mit langsamerem Lesetempo Zeile für Zeile? Diese Methode nennt man »*senkrechtes Lesen*«.

# Wichtige Zeile, langsames Lesetempo

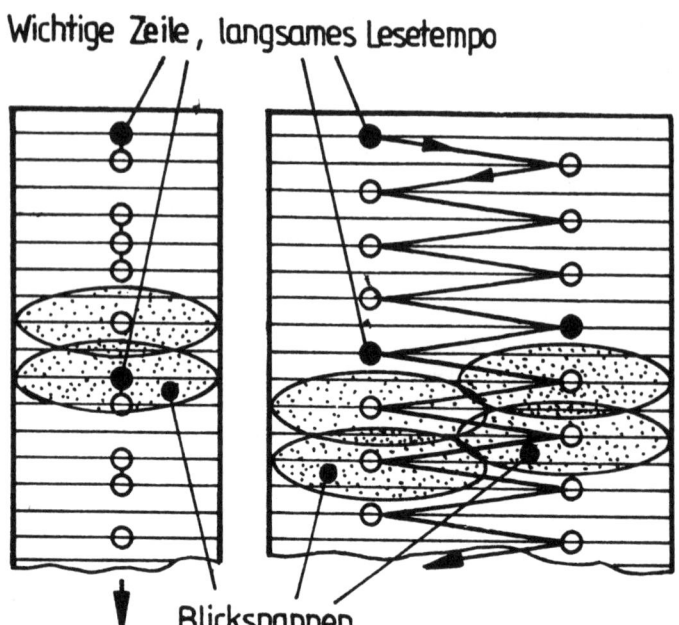

**Blickspannen**

## Senkrechtes Lesen schmaler Spalten

## Zweiteilig versetztes Lesen bei breiteren Spalten

*(Abbildung 24)*

*Wenn es Ihnen gelingt, die Blickspanne so zu erweitern, daß sie die Breite einer schmalen Zeitungsspalte erreicht, so können Sie senkrecht von oben nach unten lesen und den Blickpunkt bei weniger interessanten Textbereichen so legen, daß zwei Zeilen erfaßt werden können! Bei breiteren Spalten wird zweiteilig versetzt gelesen. Die Blickpunkte liegen so, daß praktisch die gesamte Lesefläche mit wenig Überschneidungen und offenen Stellen »überzogen« werden kann. Die Zeiteinsparung ist beträchtlich, die Auffassungskraft nimmt zu. Probieren Sie diese Methode bitte unbedingt aus!*

Beim *zweiteilig versetzten Lesen* können im »Zwei-Zeilen-Schritt« jeweils im »Zick-Zack« die Blickspannen so gelegt werden, daß eine fast vollständige »Bedeckung« der Lesefläche erreicht wird. Unterschiedliches Lesetempo berücksichtigt den Schwierigkeitsgrad. Geübte Leser können diese Leseart bereits als Bearbeitungslesen einsetzen. Dadurch, daß bei einmaligem Lesen bereits eine gut strukturierte Wiedergabe möglich ist und ein hoher Grad an Auffassung erreicht wird, ist diese Leseart sehr rationell, obwohl sie die Schwerpunkte des Textes nicht besonders »anpackt«, von dem langsameren Lesetempo abgesehen.

Unter Schwerpunktlesen versteht man die Aufnahme bzw. das bewußte Lesen der Schwerpunkte in der Information, wobei füllende Worte nur peripher, also am äußersten Rand des Blickfeldes und darüber hinaus wahrgenommen werden. Dies ist die schnellste Leseform, bei der trotzdem die volle Lesefläche bearbeitet wird. Abbildung 25 A bis C (Seite 58) zeigt, wie die Blickfelder bzw. die Blickpunkte zu setzen sind, wie die Blickführung verläuft, welche Worte als Schwerpunkte gelesen werden. Ein derartiges Lesen gibt die besten Voraussetzungen für eine reproduktive, gut strukturierte Wiedergabe.

> Ein wesentliches Kapitel unserer Arbeit geht dem Ende zu. Aber es bleibt so ein Gefühl, als hätte etwas Wesentliches noch nicht die gebührende Bearbeitung gefunden: Es ist die kreative Komponente! Lesen darf nicht nur reproduktiv wirken, es muß anregen zu eigenem Tun und neuen, besseren Lösungen.

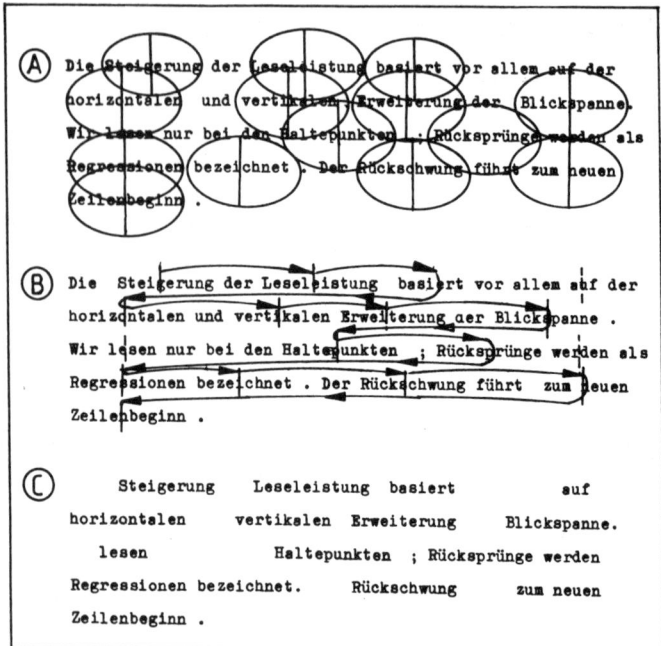

*(Abbildung 25)*

**Augenbewegung und Blickspannen beim Lesen**

*Für diese kleine Leseübung wurde eine Blickspanne gewählt, die etwa fünf Halte- bzw. Fixpunkte umfaßt, also noch ein relativ kleines Blickfeld. Zum anderen wurde der Zeilenabstand groß gehalten. Die Untersuchung der Augenbewegungen zeigt, daß in der ersten Zeile drei, in der zweiten vier, in der dritten zwei, in der vierten vier Blickpunkte eingesetzt wurden, in der letzten ein Blickpunkt für ein Wort. A zeigt die Blickspannen, die sich nach den Augenbewegungen bei B ergeben. C zeigt die Texte, die durch die Blickspanne berührt werden. Sie sind schon »fast« lesbar.*

*Da der Text voll erfaßt wurde, muß die Blickspanne horizontal und vertikal wesentlich größer gewesen sein, oder Sie fügen beim Lesen verbindende Worte einfach hinzu, obwohl Sie sie nur teilweise wahrgenommen haben. Sie lesen besonders bei engeren Zeilen mit etwas Übung mit weniger Blick- oder Fixpunkten, als Sie glauben. Sie erfassen die bedeutsamen Worte, wohl aus Übung und Erfahrung heraus, und lesen die verbindenden nicht mehr bewußt mit.*

## 2.9 Was haben neue Erkenntnisse an Leistungszuwachs gebracht?

Wir wollen von diesem Test nicht zu viel verlangen, denn zur Weitung des Blickfeldes, zur Vergrößerung der Blickspanne horizontal und noch mehr vertikal gehört vor allem Übung. Die können Sie noch nicht haben, denn bis zu hoher Leistung braucht man Wochen und Monate, noch nach Jahren kann bei ständigem bewußtem Training noch eine Verbesserung möglich werden.

Wir wählen für unsere Übung den »Vorspann« von Kapitel 3 (Seite 65) aus, der sich mit der Gliederung der Lesearten und den Möglichkeiten und Techniken zur Verbesserung der Auffassung und des Auswertens von Gelesenem befaßt.

Wir lesen nach bewährter Methode, stellen die Zeit und die Lesegeschwindigkeit fest und überprüfen mit einem eigenen Strukturbild, wie groß unsere Auffassungskraft diesmal ist. Bitte nicht mogeln!

Abbildung 26 (Seite 60) zeigt ein Strukturbild des Autors, das seit vielen Jahren als Grundlage in Leseseminaren verwendet wird.

Ihr Strukturbild kann durchaus anders aussehen; nur die Stichworte (auch sinngemäß) müssen »stimmen«. Als Ausgangspunkt werden der (hier als bekannt vorausgesetzte) Lesestoff, Bücher, Literatur, Fachbücher vorausgesetzt, das Ziel ist nicht mehr das Lesen an und für sich, sondern das eigenständige, individuelle Werk, zu dem das Lesen Mittel zum Zweck ist.

(*Also:* Kapitel 3, beginnen bei »Vom Lesen zum Auffassen«, endend nach dem Text zu »Kreativieren«.)

*Wie weit sind Sie mit dem Ergebnis des Tests zufrieden?*

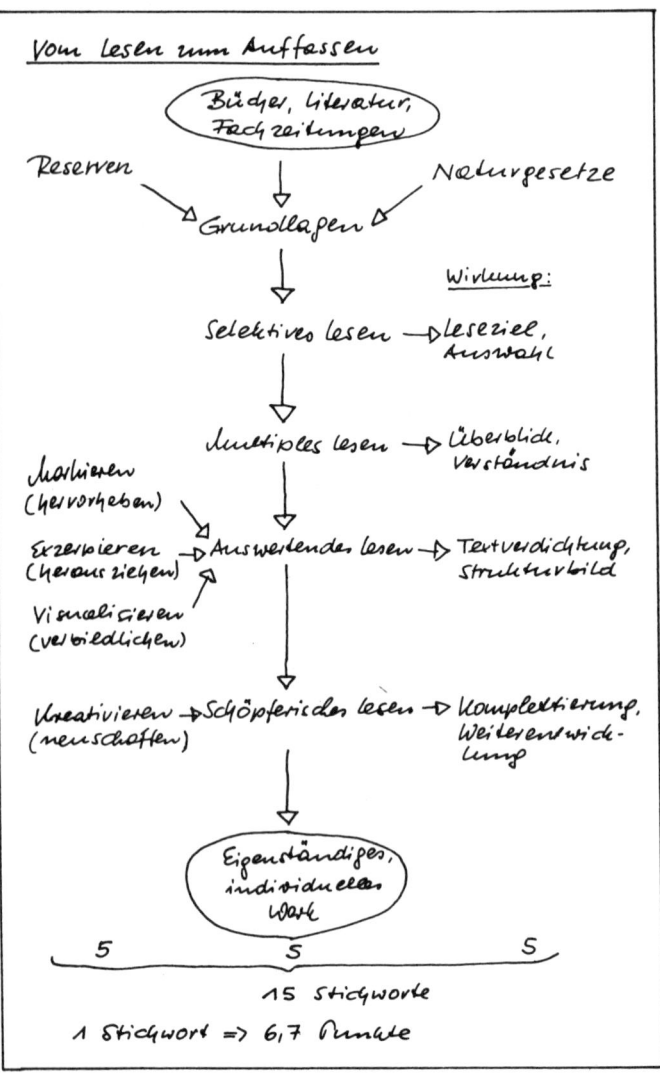

*(Abbildung 26)*

*Ihr Strukturbild wird sich – mit großer Wahrscheinlichkeit – sehr an die Text-struktur anlehnen:*

*Die aufeinander aufbauenden Lesearten werden in Linie vertikal aufgeführt, ihre Ziele daneben – rechts oder links – aufgezeichnet. Die Methoden, die zu besserem Auffassen führen, werden der anderen Seite, dem auswertenden bzw. schöpferischen Lesen zugeordnet.*

# ● Kernpunkt 4:

## Die Schwerpunkte Blickspannenerweiterung und Blickpunktreduktion

Um eine hohe Leseleistung zu erreichen, ist nicht nur der wirksamste Lesestoff auszuwählen, sondern er ist auch mit verschiedenen Blickspannen, z. B. kursorisch für den Überblick, mit zurückgenommener Blickspanne für das eigentliche Lesen, zum dritten korrigierend mit der Einbringung eigenen, zusätzlichen Wissens zu bearbeiten.

*Von Bedeutung* ist:

- Die Technik der Aneinanderreihung der Blickspannen muß einen Übergang schaffen, um zu größeren Blickfeldern zu kommen.

- Diese Erweiterung muß zum peripheren Sehen führen, zum Erkennen von Textteilen am Rande unseres Blickfeldes, die unbewußt mitwahrgenommen werden.

- Fixationsschablonen und Fixationsfächer haben die Aufgabe, in ständigen Übungen die Blickspannen zu weiten, die Randbereiche der Netzhaut zu trainieren.

- Die Relationen der Fixationen je Wort beim Buchstabieren, beim Silben-, Worte- und Sätzelesen sind zu verinnerlichen – als Beweis für Leistungssteigerungschancen.

- Blickspannenüberschneidungen sind systematisch auszuschalten; die Schablonen helfen, ihre leistungsmindernde Wirkung zu reduzieren.

- Rückschwünge sind vom Anfänger zu vermeiden, besonders bei reproduktivem Lesen. Könnern nützen sie als Anreiz für kreative, neue Gedanken.

- Senkrechtlesen gehört zu den wirksamsten Techniken für Zeitungen und Zeitschriften mit schmalen Spalten, die Blickspanne muß der Spaltenspanne entsprechen.

- Mit zweiteilig versetztem Lesen werden im Zickzack über je zwei Zeilen Lesefelder vollständig abgedeckt, zwei Blickspannen müssen der Druckbreite entsprechen.

- Schwerpunktlesen hilft, die Ausrichtung der Blickpunkte auf die wichtigen Stellen des Textes zu erreichen, Unbedeutendes ist »peripher« wahrzunehmen.

- Systematische Blickspannenübungen anhand von Übungsblättern sind sinnvoll; eine Übung mit Schablonen bei normaler Lesearbeit ist jedoch ausreichend.

Blickspannenschulungen mit »sinnlosem« Material können schnell zur Blickspannenerweiterung führen, nicht aber zur Blickpunktausrichtung auf Schwerpunkte, die letztlich Ziel und Voraussetzung für jede durchgreifende Steigerung der Leseleistung sein müssen.

## Checkliste: Was ist zu beachten, um dynamisch lesen zu lernen?

Was bedeutet dynamisch lesen? Nur schneller, aufnahmefähiger und mit besserer Wiedergabe? Wollen wir nur reproduktive Leistungen bringen? Dynamisch lesen bedeutet mit der richtigen Lesetechnik nicht nur leistungsfähiger, sondern auch kreativer zu sein, Gelesenes als Grundlage für eigene, zusätzliche Gedanken und Leistungen zu verwenden.

| Pos. | Fragen, Fakten, Zusammenhänge | erfüllt |
|------|-------------------------------|---------|
| ① | Sind Sie bereit, Lesestoff bewußter auszuwählen und zu lesen? | |
| ② | Beschränken Sie sich innerhalb des ausgewählten Lesestoffes auf die wesentlichen Teile? | |
| ③ | Haben Sie die informativsten Tageszeitungen, Wochenzeitungen und Fachzeitungen? | |
| ④ | Beherzigten Sie die in der Lehrbuchauswahl aufgezeigten Auswahlkriterien? | |

| Pos. | Fragen, Fakten, Zusammenhänge | erfüllt |
|---|---|---|
| ⑤ | Sortieren Sie unbarmherzig alles aus Lehrbüchern aus, was nur Füllstoff ist? | |
| ⑥ | Eignen Sie sich eine dreiteilige Lesetechnik an, mit kursorischem, markierendem und korrigierendem Teil? | |
| ⑦ | Üben Sie die Methoden der Blickspannenerweiterung mit den genannten Arbeitshilfen? | |
| ⑧ | Trainieren Sie so lange, bis Sie durch das periphere Sehen ganze Sätze in einer oder zwei Blickspannen lesen können? | |
| ⑨ | Schalten Sie die Lesefehler Blickspannenüberschneidung und Rückschwung aus? | |
| ⑩ | Versuchen Sie auch mal »chaotisch« zu lesen, um neue Strukturen zu erhalten und kreative Einfälle? | |
| ⑪ | Zwingen Sie sich dazu, beim Zeitungslesen »senkrecht« zu lesen? | |
| ⑫ | Zwingen Sie sich dazu, bei zweispaltigen Texten zweiteilig versetzt zu lesen, um die Zweizeilenlesetechnik zu üben? | |
| ⑬ | Üben Sie so lange, bis Sie sofort in einem Text die bedeutenden Aussagen erkennen und auch den Rest »peripher« wahrnehmen? | |
| ⑭ | Kontrollieren Sie Ihre Blickführung, um Schwächen zu erkennen und um rationeller zu lesen? | |

Wie immer – jede Frage, die unbeantwortet bleibt, kann noch zum eigenen Vorteil ausgebaut werden. Die Checkliste läßt Sie klar erkennen, was noch fehlt – einmal die Erarbeitung der Techniken, die Ihnen helfen, noch mehr aus einem Text herauszuholen, zum anderen die Erarbeitung der Techniken, die bei der Ergänzung und Wiedergabe helfen.

### *Die Zielstellung:*
### *Wie Leseleistung multipliziert werden kann*

*Georg war Diplomingenieur, 28 Jahre alt, hatte gerade sein Examen mit Glanz bestanden. Auf seiner ersten großen Auslandsreise hatte er einen Unfall: Querschnittlähmung. Er konnte gerade noch die Unterarme anheben und die Hände bewegen. Ein lebenslanger Pflegefall?*

*Es gibt auch Leseseminare für Schwerstbehinderte; Kirchen und REHA-Kliniken organisieren sie. So lernte ich Georg kennen, damals ein Schatten seiner selbst.*

*Lesen und Filtern, das wurde Georgs Leben. Seine Leseleistung liegt bei rund 900 Worten je Minute, seine Auffassungskraft bereits beim ersten Durchgang bei rund 100%. Georg wurde in die Lage versetzt, aus einer Vielzahl von Büchern ein neues und viel besseres zu schreiben. Partner, die mit den jeweiligen Problemen täglich in ihrem Beruf umgehen müssen, fand Georg schnell. Wer läßt sich die Chance nehmen, als Mitautor zu gelten, wenn er nur korrigieren und ergänzen muß?*

*Lesen und Filtern – das war die zweite Chance, als die elektronische Datenverarbeitung aufkam. Georg las alle die dicken Handbücher, er verstand sie nicht nur, er konnte sie schnell verbessern und ergänzen.*

*Lesen ist oft für die vom Schicksal benachteiligten Menschen die einzige, verbliebene Verbindung zur Außenwelt. Georg hat mehr geschafft, er hat mit dem Lesen, dem Strukturieren, dem Verbessern, dem Visualisieren, dem Neugestalten seinen Platz in der Welt, angesehen und geachtet, wiedergefunden!*

*Übrigens – Georg kann heute wieder Auto fahren, mit Handschaltung, und hat mit viel Lebensmut sein Geschick im Griff.*

*Warum eine derartige »Geschichte« in einem Buch über effektiveres Lesen?*

Hat das nicht einen bedeutenden Sinn, wenn wir über besseres, gekonnteres, intelligenteres und effektiveres Lesen einen besseren Kontakt zur Welt bekommen? Eine Verbesserung unserer Stellung, von Rang und Bedeutung, nicht zuletzt von Beliebtheit und Anerkennung?

Lesen, besser lesen, über Lesen neugestalten, alles das kann einem Leben mehr Sinn geben. Wollen wir darauf verzichten?

# 3 Vom Lesen zum Auffassen

Das auswertende Lesen, das nach dem Erfassen zum Auffassen, der Basis neuer Gedankenkonzeptionen, führt, baut sich aus folgenden vier Stufen auf:

①  *Selektives Lesen* sucht das Leseziel und trifft die Auswahl.

②  *Multiples Lesen* bringt zuerst Überblick, dem das Verständnis folgt; Zusammenhänge sind zu klären.

③  *Auswertendes Lesen* schafft noch einmal, nun aber gründlicher, Überblick und Verständnis. Es ist das Lesen, das zur Textverdichtung und zur Vertiefung beiträgt.

④  *Schöpferisches Lesen* baut auf den drei genannten Lesearbeiten auf, basiert auf Lesen und Verknüpfen; auf die gedankliche Komplettierung der Informationen wird die eigene kreative Leistung gesetzt.

Alle vier Lesearten werden vom »erfahrenen Leser« im stetigen Wechsel zwischen Ruhepunkten und dynamischen Phasen genutzt. Bei diesem Lesen werden Arbeiten mit folgenden Zielsetzungen ausgeführt:

■  *Markieren* dient dem Hervorheben von Teilen des Lesestoffes, der Vorbereitung, auch über größere Bereiche die Basis für eine Wiedergabe, eine Neuordnung zu schaffen.

■  *Exzerpieren* bedeutet Herausziehen, Übersichten und Gliederungen zu schaffen, Strukturen zu erarbeiten. Das Exzerpt ist die Wiedergabe, oft schon in Form einer Gliederung.

■  *Visualisieren* bringt mit bildlichen Darstellungen die Reserven unserer rechten Hirnhälfte in das Spiel.

■  *»Kreativieren«* werden wir Gelesenes, wenn wir über die Neuordnung hinaus eigenes Wissen einbringen, so daß zusammen mit Ergänzungen neue, wirksamere Gedanken in eigener Arbeit ihren Niederschlag finden.

## 3.1 Das Herausarbeiten von Schwerpunkten

Im Kapitel 1.7 (Seite 27) wurden einleitend erste Überlegungen zum Herauspräparieren von Gliederungen erstellt, in Abbildung 11 und 12 Strukturierungsvarianten vorgestellt. Basis der Überlegungen muß die Vorarbeit sein: Von der Weitung des Blickfeldes führten unsere Arbeiten und Übungen über das Lesen, das die Peripherie unseres Blickfeldes auch mitnutzt, zu ersten Versuchen, nur wichtige Worte mit hohem Inhaltswert mit einem Blickpunkt zu erfassen und den Rest nur noch unbewußt am Rande des Blickes wahrzunehmen. Bereits das ist eine Herausarbeitung von Schwerpunkten.

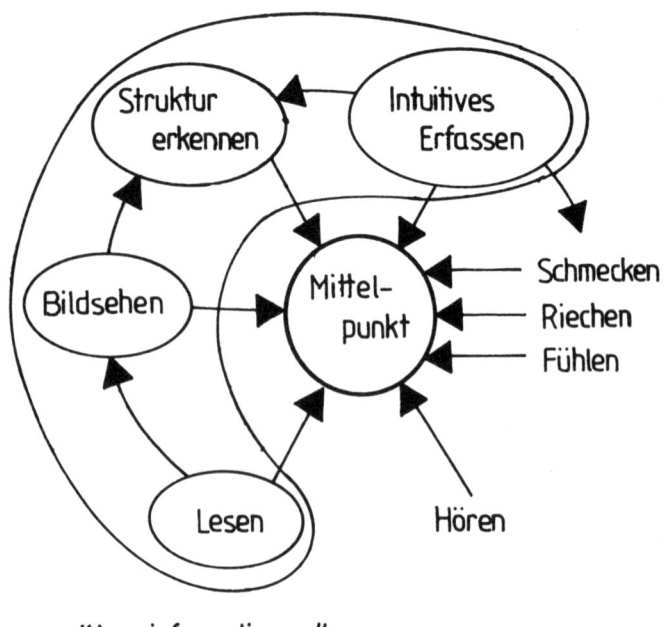

"Leseinformationen"

(Abbildung 27)

**Lesen ist Information**

*Sie ist auf den Mittelpunkt auszurichten, der das umgrenzt, was Sie wirklich brauchen, um Ihre Probleme zu lösen. Intuitives Erfassen hat eine analoge Aufgabe und ist genauso wesentlich wie logisches Vergleichen und Ergänzen, wenn Ziele erreicht und wesentliche Fragen gelöst werden sollen.*

In der Berufswelt ist das Erkennen von Schwerpunkten oft gar nicht so einfach. Da muß man schon ein echter Fachmann sein, wenn man während des ersten Lesevorganges in der Lage ist, die Schwerpunkte zu erkennen und wiederzugeben. Kehren wir deshalb zurück zum Wesen einer Information, wie in Abbildung 27 gezeigt.

Informationen sind auf einen Mittelpunkt, eine Zielvorstellung, auszurichten. Lesen ist nur eine der Informationsmöglichkeiten. Bildsehen, Strukturerkennen, wie auch das intuitive Erfassen unterstützen das Lesen. Die Intuition hat aber auch Verbindungen zu unseren anderen Möglichkeiten, Informationen aufzunehmen, z. B. zum Hören, Schmecken, Riechen und Fühlen.

> Was für uns Schwerpunkt, was wichtig ist, das müssen wir selbst entscheiden. Das gibt unserer Lesearbeit die individuelle, die unverwechselbare Note!

## 3.2 Markieren durch Unterstreichen

Zuerst ist zu überlegen, was wir mit dem Markieren erreichen wollen. Natürlich die Schwerpunkte hervorheben. Doch diese Antwort reicht nicht aus:

- Alle Markierungsformen haben die Aufgabe, Wichtiges im Text wiederfinden zu lassen.

- Das ist besonders wesentlich, wenn gelesene Texte später weiterverarbeitet werden sollen!

- Unwichtige und nicht benötigte Textstellen sollen in den Hintergrund gedrängt werden.

- Ein Lernprozeß soll durch das Aufmerksamwerden in Gang gesetzt, eingeleitet und weitergeführt werden.

- Markierungen führen zu einem sorgfältigen Mitdenken und verhindern, daß Wesentliches übersehen wird.

- Das Gedächtnis wird angeregt, denn der Blick ruht auf der angestrichenen Stelle länger als beim Lesen allein.

- Markieren ist die erste Stufe zur Visualisierung. Textaussagen und ihre Zusammenhänge werden verbildlicht.

*Wie wird nun markiert?*

Eine der Methoden ist das Unterstreichen bzw. Überstreichen mit einem lasierenden, farbigen Markierstift.

Der *transparente, farbige Markierer* läßt durch seine intensiven Farben die Worte leuchten (Leuchtmarkierer) und stark hervortreten. Mit der Schmalseite können durch dünne Linien Verbindungen hergestellt und Zusammenhänge aufgezeigt werden.

Der Nachteil: Man kann mit ihm nicht schreiben, was bei Randmarken von Bedeutung sein kann.

★

Unterstreichungen mit *farbigen Filzstiften* lassen die Schwerpunkte nicht so stark hervortreten, was dann vorteilhaft ist, wenn das Gelesene mit anderer Farbe und nach anderen Gesichtspunkten durchgearbeitet werden muß. Allerdings sollten die Filzstifte nicht zu dick sein und nicht zu satte Farben haben.

Markierungen dürfen natürlich nicht in fremden Büchern durchgeführt werden. Es gibt dann zwei Möglichkeiten, einmal das Buch zu kaufen, zum anderen eine Kopie anzufertigen. Es gibt noch eine dritte – mit der mehr erreicht werden soll: das Arbeiten mit Transparenten. Doch davon später, zuerst zu den Randmarkierungen.

## 3.3 Randmarken und Randnotizen

Sie haben nun mit dem transparenten, farbigen Markierer oder mit farbigen Filzstiften Wesentliches markiert, haben auch mit dünnen Strichen zwischen den verschiedenen Begriffen und Angaben eine Verbindung hergestellt, die eine erste Struktur zeigen. Warum dann noch Randmarken? Sie sind sehr wichtig, denn:

- Mit Randmarken können Anweisungen gegeben werden, wie der Stoff zu bearbeiten ist. Abbildung 28 (Seite 69) zeigt einige davon.

- Zusammenfassungen lassen sich leicht mit Klammern bilden, sie können durch Numerierung ausgetauscht und in eine andere Reihenfolge gebracht werden.

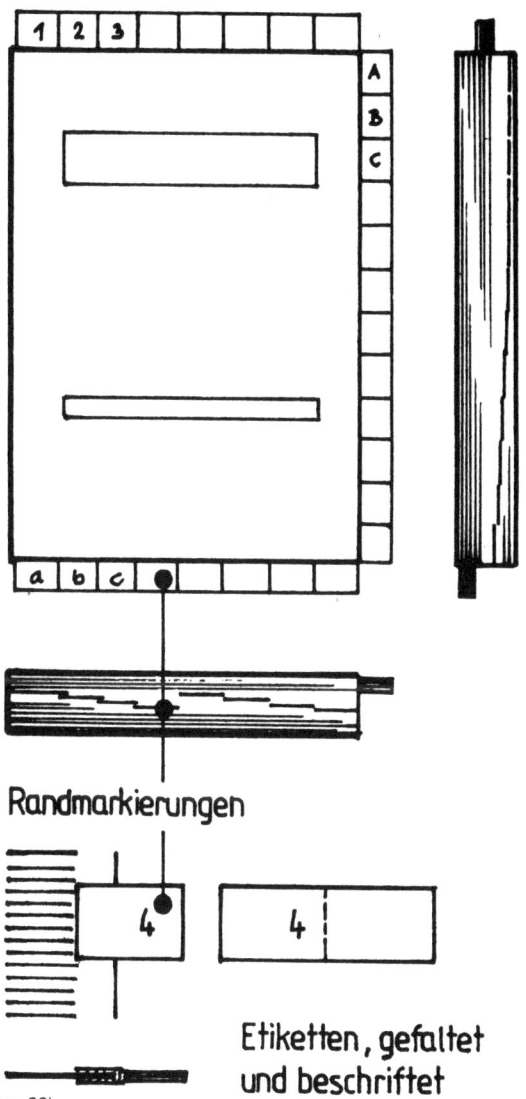

**Randmarkierungen**

**Etiketten, gefaltet und beschriftet**

*(Abbildung 28)*

*Der Autor hat in jüngeren Jahren mal Arbeitsrecht studiert und konnte textgenau Rechtsauskünfte zu jeder Frage geben. Seine Arbeitsbücher waren, wie im Bild gezeigt, »randmarkiert«, dazu noch in Farbe! Eine hervorragende Möglichkeit, Lesetexte wiederzufinden. Es wird nur etwas selbstklebendes Etikettenpapier gebraucht...*

- Informationen für die Weiterarbeit wie z. B. »wichtig« oder »falsch« zeigen Vorzüge und Schwachstellen, die zu beachten sind.

- Hinweise zeigen Verbindungen mit anderen Unterlagen auf, bestätigen oder lassen vorsichtig werden; Namen von Autoren führen zu weiteren Informationen.

- Erste Strukturbilder am Rand lassen Aussagen klarer werden, aber auch Fehler deutlich hervortreten. Was einmal gedacht wurde, bleibt festgehalten.

- Skizzen versuchen, Aussagen zu verbildlichen. Diese Visualisierung hebt die Verständlichkeit, zum anderen wird sie Grundlagen für eigene Arbeiten liefern.

Wenn Sie wieder einmal die Arbeitsstätten berühmter Dichter oder Wissenschaftler besuchen, dann werden Sie in einer Vitrine oder im Bücherschrank die Bücher mit den Handnotizen finden. Das Studium dieser »Dokumente« ist eine Wissenschaft für sich geworden, zeigt sie doch auf, unter welchen Einflüssen neue Werke entstanden sind. Sie werden sich von der Vielfalt der Anmerkungen und der Randkommentare gar nicht lösen können. Warum sollen wir die Vorteile einer derartigen Arbeitstechnik nicht zu nutzen suchen?

## 3.4 Die Verwendung von Begrenzungen

Unsere »rüde Methode«, allen Seiten, die unbrauchbar sind, die rechte obere Ecke zu kappen, ist auch eine Form der Begrenzung. Nur das Wichtigste guckt raus. Das ist besonders dann wesentlich, wenn wir die Arbeiten mehrerer Autoren lesen müssen, etwa um deren Ansichten zu vergleichen oder um Neues hinzuzufügen.

Auch bei der Beurteilung der Seiten sollten wir rigoros sein. Malen Sie doch einfach auf den Teil der Seite, mitten in den Text hinein oder an den Rand ein großes Z – von dem oberen Strich bis zum unteren braucht in Zukunft nichts mehr nachgesehen und verwendet werden. Begrenzen heißt, so vorzugehen, daß alles weggekippt wird, was für eine kurze und verständliche Aussage nötig bleibt, so als müßten wir ein Manuskript auf das Wesentliche reduzieren.

Begrenzungen können aber auch oft eine völlig andere Bedeutung haben. Oft sind in Büchern zu einem Thema an den verschiedensten Stellen Aussagen zu finden.

*Dann gehen Sie bitte folgendermaßen vor:*

① Wenn Sie z. B. vier Bücher haben, in denen u. a. über das Sie interessierende Thema geschrieben wird, so schreiben Sie aus dem Stichwortverzeichnis die Seiten raus, die sich mit dem Thema befassen.

② Sie werden dann im Schnitt 15 bis 20 Seiten, bei dem Zeichen *ff.* auch die dem Stichwort folgenden Seiten haben. Dann grenzen Sie in den Seiten die Aussagen ab, vergleichen, entfernen die Doppelaussagen.

③ Nun können Sie den Inhalt (den Inhalt der Ausgrenzungen) auf ein Strukturbild übertragen. Besser jedoch ist es, Sie kopieren sich die Seiten und ordnen sie neu, mit den entsprechenden Abgrenzungen.

④ Dann nehmen Sie bitte eine Schere, schneiden die »Begrenzungen« an, den abgegrenzten Stoff aus. Dann kleben Sie bitte den Text in der von Ihnen festgelegten Reihenfolge zusammen.

⑤ Nun schreiben Sie bitte an die Seite jedes Abschnittes die Quelle, das Buch mit Autor, Titel und Verlag, auch mit der Jahreszahl. Sie haben sich selbst die beste und effektivste Unterlage für Ihre weitere Arbeit geschaffen!

---

Sie werden nun erkennen, daß Lesen wesentlich mehr ist als das, was wir landläufig darunter verstehen. Lesen heißt immer eine Definition mehr bringen, Informationen aufnehmen, sie ordnen, sie dann ergänzen und weiter verarbeiten. Mit Ausnahme vom Lesevergnügen ist alle Lesearbeit sinnlos, wenn nicht Unterlagen für eigene Rede und Schrift geschaffen werden.

# 3.5 Überlagerungen und Strukturbildungen

Markierungen, Randmarken, Randnotizen, Begrenzungen sind angebracht, im Extremfall haben wir aus Kopien eine neue Unterlage geschaffen, mit der weitergearbeitet werden kann. Die Überlagerungen sollen Teile verschiedener Bedeutung abgrenzen, den wesentlichen Schritt zur Strukturbildung bringen.

Abbildung 29 zeigt eine Seite, wo mit derartigen »überlagernden« Begrenzungen gearbeitet wurde. Die interessanten Stoffbereiche werden nach der Art eines großen Blickfeldes mit einem Kreis oder einer Ellipse umgeben, die bei Bedarf eine weitere, kleinere Ellipse mit den wesentlichen Aussagen eingrenzt. Die Arbeit mit verschiedenen Farben ist beliebt, aber nicht zwingend.

**Begrenzungen und Anweisungen
im eigenem Buch - und im fremden !**

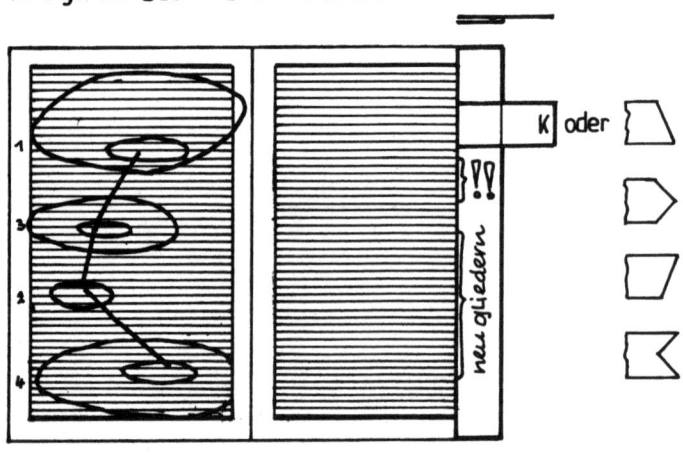

Überlagernde  
Begrenzungen

Lasche mit  
Ausklappung

*(Abbildung 29)*

**Markierungen in eigenen und fremden Büchern**

*Von »überlagernden Begrenzungen« spricht man, wenn wesentliche Textteile in weniger wesentliche integriert sind. Hier wurde die Reihenfolge der Wiedergabe der Kernbereiche in Zahlen am Rand markiert. Bei fremden Büchern geht das nicht, es sei denn, man legt transparente Blätter ein und »malt« auf diesen. Laschen mit Ausklappungen, die besondere Bedeutung haben, haben sich bewährt.*

Verbindungslinien schaffen die ersten Strukturen, auch die Numerierung ist bewährt. Derartige Arbeiten werden in der Regel mit dem multiplen Lesen verbunden, weil beim ersten Durchgang allein eine derartige Vorbereitung auf eine Strukturierung sehr schwierig ist und viel Erfahrung, vor allem aber Übung voraussetzt. Früher war auch das Schraffieren der Felder eine beliebte Methode. Heute wird man den Leuchtmarker nehmen, mit dem schneller und deutlicher hervorgehoben werden kann.

Oft sind, vor allem in wissenschaftlichen Texten, Strukturen überlagert. Man verwendet beim Schreiben diese Technik, wenn z. B. bei einer Lösung mehrere gleichberechtigte Ergebnisse zu erwarten sind. Bei unserer Begrenzungsarbeit werden dann mehrere Farben eingesetzt, um den Weg einer jeden Lösung klar verfolgen zu können. Das kann bei der Herausarbeitung eines Strukturbildes von großer Bedeutung sein.

## 3.6 Einarbeitung von Kolumnentiteln, Stich- und Schlagwörtern

Angenommen, ein Text ist gut und schon straff gegliedert geschrieben. Warum nehmen Sie dann nicht einen transparenten, farbigen, nicht zu dünnen Filzschreiber und schreiben in der drei- bis vierfachen Größe der Druckbuchstaben Ihre Überschriften und Stichworte an die entsprechende Stelle über den Text? Das ist eine gute Übung für wirksameres Lesen. Man sollte auch die eigenen Texte immer wieder nach diesem Prinzip überprüfen.

★

Die Stichwörter können ruhig aus dem Text selbst stammen, sie werden zu einem Strukturbild verbunden. Die Struktur liegt dann wie ein »Gerippe« über dem Text. Eine derartige Vorbereitung ist z. B. hervorragend als Konzept für Vorträge geeignet, die nach Stichworten frei zu halten sind.

Erfahrene Lehrer an Fach- und Hochschulen werden immer wieder mit Texten und Büchern von Kollegen arbeiten. Es ist zwar durchaus möglich, diese Texte z.B. mit dem Tageslichtprojektor an die Wand zu werfen, doch werden die Studierenden sich mit dem Lesen »schwer tun«. Es ist viel wirksamer, diese Texte zwar auf transparente Folien zu pausen, aber mit Farbe die Struktur darüberzuzeichnen. Wenn das Bildfeld groß genug ist, können auf einem zweiten Transparent aus dem Text stammende Kernsätze aufgeschrieben werden, die mit Pfeilen an den Originaltext »angebunden« werden.

Diese Technik wird bei Illustrierten viel verwendet. Über eine oder zwei Spalten hinweg werden über drei bis fünf Zeilen »Auszüge« dick gedruckt, um zwischen Einleitung und Schluß beim »Überfliegen« das Interesse für den Beitrag zu wecken. Eine derartige Methode ist pädagogisch, also didaktisch und methodisch, viel wirksamer, als nur zu sprechen oder gar lesen zu lassen.

## 3.7 Die Arbeit mit Transparentblättern oder Klarsichtfolien

Neben der eben besprochenen Transparentkopie, die mit farbigen Filzschreibern (abwaschbar und nicht abwaschbar) »veredelt« wurde, gibt es eine ganze Palette weiterer Möglichkeiten. Natürlich kann man derartige Strukturen (z.B. aus fremden Büchern) auf Transparentblätter zeichnen, ich würde aber empfehlen, anstelle dieser halbdurchsichtigen Blätter die klaren, volldurchsichtigen »Klarsichtfolien« zu verwenden. Denn diese können z.B. beim Vortrag mit dem Tageslichtprojektor an eine Bildwand geworfen werden. Zum anderen ist es möglich, mehrere dieser Folien übereinander zu legen, beispielsweise um Vergleiche und Entwicklungen zu demonstrieren.

Wenn Sie z.B. die Strukturen einer Aussage – jeder wird zuerst wohl mit Bleistift einen Entwurf erstellen – im gleichen Maßstab auf eine Klarsichtfolie zeichnen, so werden Sie erkennen, daß etwa eine Grundstruktur mehrfach abgeändert und verbessert wurde.

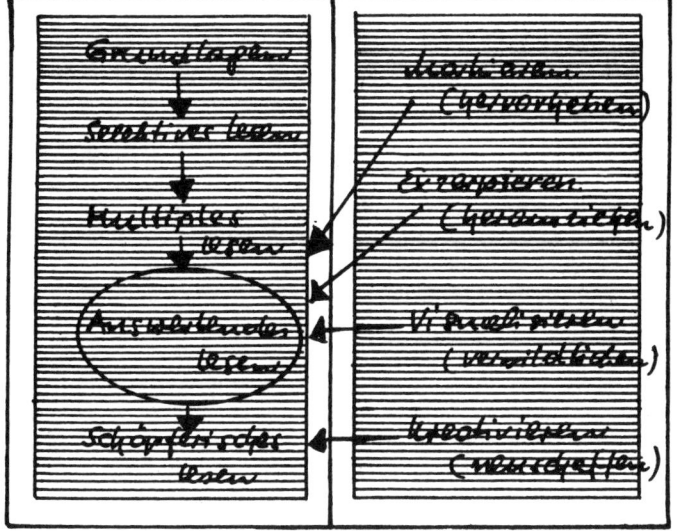

# Überschreiben von Klarsichtfolien - Textkopien mit transparentem Farbfilzstift

*(Abbildung 30)*

**Der Einsatz von Klarsichtfolien zum Markieren**

*Es gibt zwei Möglichkeiten, die umfangreich eingesetzt werden, einmal das Überschreiben des Textes mit Strukturierungen, zum anderen die Kopie des Textes auf Klarsichtfolie, die dann überschrieben wird und eine hervorragende Unterlage für Vorträge mit dem Tageslichtprojektor abgibt. Ein Beispiel für die direkte »Weiterverarbeitung« von Gelesenem.*

Wenn Sie nun diese Grundstruktur des Gelesenen auf eine erste Klarsichtfolie beispielsweise mit schwarzem Stift zeichnen, so brauchen Sie für die zweite, z. B. mit rotem Stift, nur die zusätzlichen Aussagen einzutragen. Beim dritten Blatt für die Aussagen, die aus dem dritten Buch hinzukommen, nehmen Sie z. B. Grün.

Vorteilhaft bei dieser Methode ist, daß kaum zusätzliche Arbeit entsteht, denn wenn Sie sicher den Inhalt des Gelesenen behalten wollen, kommen Sie ohnedies um diese Arbeit nicht herum, die eigentlich schon zu den Exzerpiertechniken gehört.

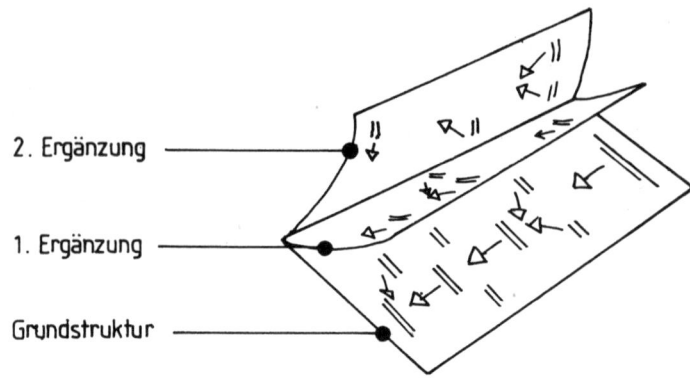

**Ergänzungen von Grundstrukturen durch "Klarsichtfolienpakete"**

*(Abbildung 31)*

*Grundstrukturen können durch »Klarsichtfolienpakete« ergänzt und bereichert werden. Jede Verbesserung wird auf eine »Seite« bzw. Folie geschrieben, und zwar mit einer anderen Farbe. Übereinanderliegend zeigt das »Paket« den Endzustand, der einfach durch »Blättern« wieder reduziert werden kann. Jederzeit läßt sich eine »neue Seite« einschieben. Besonders attraktiv sind derartige Folien beim Vortrag mit Tageslichtprojektor.*

## 3.8 Arbeitszeichen und Hinweise

Alle bisher beschriebenen Methoden können natürlich durch zwei Methoden ergänzt werden:

① Es werden Arbeitszeichen nach eigenem Entwurf verwendet; diese Kurzzeichen helfen, schnell und sicher eine Aussage, gleich, ob als Randmarkierung oder als Textmarkierung, mit farbigem Filzstift im Text zu fixieren.

② Notizblätter mit Heftrand, die einfach wie ein Buchblatt zwischen die entsprechenden Seiten gelegt werden. Auch Einzelstrukturen und Ergänzungen finden so ihren sicheren Platz und können vor allem wiedergefunden werden.

Einige der üblichen Arbeitszeichen zeigt Abbildung 32.

Hinweise, z. B. mit den genannten Notizblättern, lassen Informationen aus dem Umfeld des Gelesenen wirksam werden. Die Erstellung von derartigen Hinweiszetteln hat aber noch eine andere, wesentliche Wirkung:

(Abbildung 32)

**Arbeitszeichen**
zu verwenden als Randbemerkungen

*Arbeitszeichen helfen, Schwerpunkte und Mängel im Text sofort beim Lesedurchgang so zu vermerken, daß bei einer späteren Verwendung bzw. Weiterverarbeitung so wenig Zeit wie möglich verloren wird.*

| Zeichen | Bedeutung |
|---|---|
| **Sk** | Skizze anfertigen |
| **F** | Foto aufnehmen |
| **!** | wichtig |
| **!!** | sehr wichtig |
| **?** | fraglich |
| **T** | Tabelle erstellen |
| **ü** | Text überarbeiten |
| **S** | Struktur herauspräparieren |
| **E** | ergänzen, nicht vollständig |
| **k** | Kopie erstellen |
| **→** | Hinweis |
| **←→** | erweitern |
| **▷◁** | kürzen |
| **B** | Beispiel bringen |
| **A** | Assoziation suchen |
| **Bo** | Bonmot bilden |
| **▽** | glätten |

Hinweise, Notizen mit Ergänzungen, die wir in Bücher und Unterlagen einheften, zeigen, daß auch wir qualifiziert sind, mit den Denkmodellen der Autoren, Wissenschaftler usw. Schritt halten können, daß wir nicht nur passiv übernehmen, sondern aktiv in den Dialog treten können. Ein Lesen, das nicht in den Dialog mit dem Gelesenen mündet, kann nie besonders effektiv sein. Erst der Dialog, der Gegensatz der Meinungen, erst die Auseinandersetzung kann kreative Impulse geben.

# 3.9 Der Test: Was brachten die Markierungstechniken?

Beim ersten Test haben wir versucht, die Lesegeschwindigkeit zu beschleunigen, beim zweiten die Auffassungsgabe zu trainieren. Im dritten Test wollen wir die Markierungstechniken einsetzen, die Basis für ein gutes Exzerpt sind.

*Unser Test besteht nun aus mehreren Teilen:*

① Sie entscheiden, ob Sie die nötigen Markierungen und Anmerkungen bereits beim ersten Lesedurchgang anbringen, oder ob Sie das zweistufige Lesen, auch Doppellesen genannt, anwenden wollen.

② Angenommen, Sie entscheiden sich für das Doppellesen, weil der Textinhalt fremd ist. Stoppuhr einschalten: Im ersten Durchgang schaffen Sie sich Überblick, im zweiten markieren Sie mit einem Farbstift oder einem Leuchtmarker die wesentlichen Stichpunkte.

③ Nun werden noch die entsprechenden Verbindungen und Zuordnungen hergestellt, die wir zum Strukturbild brauchen. Stoppuhr ausschalten. Der Unterschied zum letzten Test ist darin zu finden, daß dort nur gelesen wurde und die Auswertung getrennt war.

④ Wir haben also die Auswertungszeit, die Zeit, die für die Wiedergabe gebraucht wird, der Lesezeit zugeschlagen. Durch die Markierung haben Sie aber so 90 bis 100% der wichtigen Stichworte erfaßt.

⑤ Eine Wiedergabe von 80 bis 90% – die Markierung verbessert sie auch, wenn sie aus dem Gedächtnis erfolgt – bringt auch bei zweimaligem Lesen ein besseres Ergebnis, eine höhere Leseleistung als in unseren ersten Tests bei Textwiedergaben, die einer Auffassungskraft von nur 40 bis 50% entsprachen.

Mit Markierungstechniken erreichen wir eine andere Qualität der Wiedergabe, eine viel höhere, sicherere. Wie erreichen eine höhere Stufe des Lesens. Wir sind vom reproduktiven Lesen schon in die Bereiche der Reorganisation, ja des

Transfers eingedrungen, wenn wir Randmarken, die Arbeit mit Klarsichtfolien und andere Hilfsmittel hinzurechnen. Den letzten Schritt – den zur Kreativität – bringt dann als Grundlage das *Exzerpt*.

Wir verwenden als Text wieder den Vorspann, nun zu Kapitel 4, von »Die Gewinnung des Exzerpts« bis zu Beginn des Kapitels 4.1 (Seite 85ff.). Abbildung 33 soll dann (bitte nicht zu sehr mogeln!) ein Muster bringen, wie das neue Struktur-bild – aufgebaut aus den Stellen, die Sie unterstrichen haben – aussehen kann.

Haben Sie Gefallen an Markierungstechniken und anderen Hilfen zu besserem Auffassen gefunden? Dann sind Sie ein schönes Stück auf dem Weg zum effektiven Lesen weitergekommen.

● Kernpunkt 5:

### Markierungs- und Ergänzungstechniken als Basis für Exzerpte

Lesen allein bringt nicht weiter – wir brauchen vor allem beim auswertenden Lesen eine Textverdichtung und Ver-tiefung, oft eine Ergänzung, die dann Basis für die weiteren Ausarbeitungen ist.

*Wichtig dabei muß sein:*

- Schwerpunkte sind gedanklich herauszuarbeiten, oft brauchen unsere Gedanken aber eine »Krücke«, um zu ihrer vollen Leistungsfähigkeit zu finden.

- Markierungstechniken sind derartige Hilfen; mit Unter- oder Überstreichen mittels Leuchtstiften tragen sie vor allem zur Vollständigkeit der Aussage bei.

- Randmarken lassen uns wichtige Stellen immer wieder finden, ohne Mühe, wenn wir uns noch einmal mit einer besonderen Textstelle auseinandersetzen wollen.

- Randnotizen können Beurteilungen sein, aber auch Ergänzungen oder in Kurzform die Darstellung der eigenen Meinung.

- Begrenzungen helfen, Zeit zu sparen. Was bei der ersten Durchsicht als nicht verwendbar erkannt wurde, das wird entsprechend markiert und nicht mehr berücksichtigt.

- Überlagerungen werden auf dem Text oder den aufgelegten Transparentfolien vermerkt und gekennzeichnet, miteinander verbunden, so daß erste Strukturen entstehen.

- Schlagwörter können über den Text geschrieben werden; mit Farbstift markierte Stichwörter auf dem Text können bereits eine Wort-Pfeil-Struktur schaffen.

- Klarsichtfolien können nicht nur als Aufnahmeunterlage bei fremden Büchern Verwendung finden, sondern auch als »Stufenunterlage« zum Verständnis von Entwicklungen.

- Arbeitszeichen, selbst entwickelt oder in der Gruppe abgesprochen, sind Kurzzeichen mit Weisungen zur Weiterbearbeitung gelesener Texte.

- Einsetzblätter mit eigenen Ergänzungen lassen das Lesen zum Dialog werden, zum Gespräch und zur Auseinandersetzung mit dem Autor.

Markierungstechniken führen zu einer besseren Qualität, Eigenarbeit und zu einer intensiveren Beschäftigung mit dem Gelesenem – als Vorstufe zur eigenen, kreativen Arbeit. Je sorgsamer und gründlicher diese Arbeitsstufe durchgeführt wird, um so größer wird die »Ausbeute« sein.

## Checkliste: Ist unsere Lesearbeit auf eine Optimierung der Auffassung ausgerichtet?

Sich beim Lesen allein auf das Gedächtnis zu verlassen, auch bei noch so guter Schulung, ist leichtfertig und riskant. Schon mancher war enttäuscht, welche geringe Auffassungskraft der Test zeigte. Markierungen helfen, wesentliche Punkte hervorzuheben, den Lesestoff für die weitere Bearbeitung vorzubereiten.

*Auf die folgenden Fragestellungen sollte man besonders achten:*

| Pos. | Fragen, Fakten, Zusammenhänge | erfüllt |
|---|---|---|
| ① | Sind die Varianten der Leseformen bekannt; werden sie auch in vollem Umfang genutzt? | |
| ② | Nutzen Sie vor allem das multiple Lesen, um Sicherheit bei der Beurteilung und Wiedergabe des Lesestoffes zu erhalten? | |
| ③ | Setzen Sie das auswertende Lesen ein, um eine Verdichtung des Textes zu erhalten? | |
| ④ | Ist Ziel des Lesens die eigene schöpferische Komponente? | |
| ⑤ | Setzen Sie sich das Ziel des Markierens derart, daß es Grundlage des Exzerpierens, der Visualisierung und der »Kreativierung« ist? | |
| ⑥ | Schaffen Sie es, nach einmaligem Durchlesen die Schwerpunkte eines Textes vollständig zu nennen? | |
| ⑦ | Können Sie das auch noch nach mehreren Monaten oder gar Jahren? | |
| ⑧ | Wenn Sie das nicht schaffen, sind Sie dann bereit, Schwerpunkte durch Unterstreichen mit Farbstiften oder Durchstreichen mit Leuchtmarkern »für später« zu sichern? | |

| Pos. | Fragen, Fakten, Zusammenhänge | erfüllt |
|:---:|---|---|
| ⑨ | Versehen Sie Ihre Handbücher mit Randmarken, um wichtige Stellen sofort wiederzufinden? | |
| ⑩ | Bringen Sie Ihre eigenen Gedanken in Büchern als Randnotizen unter? Auch Gedanken aus dem Umfeld des Gelesenen? | |
| ⑪ | Begrenzen Sie die »Lesemenge«, indem Sie unwesentliche Teile und Füllstoff einfach »ausgrenzen«? | |
| ⑫ | Beherrschen Sie die Technik, über die Stichworte des Inhaltsverzeichnisses für Sie relevante Textteile effektiv zu selektieren? | |
| ⑬ | Versuchen Sie, durch Überlagerungen, direkt auf den Text oder auf Folien bzw. Kopien bereits Strukturen zu erreichen? | |
| ⑭ | Arbeiten Sie in Lesetexte Stich- und Schlagworte ein, Kolumnentitel, um unter Umständen mangelnde Übersicht auszuschalten? | |
| ⑮ | Beherrschen Sie die Sammeltechniken, die mit Hilfe von Klarsichtfolien die Überlagerungen und Ergänzungen bei Strukturen aufzeigen? | |
| ⑯ | Verwenden Sie Arbeitszeichen, z. B. um Anweisungen für die eigene Weiterarbeit und für die Auswertung zu geben? | |
| ⑰ | Heften Sie mit Heftblättern u. ä. eigene Gedanken in Form von Notizen, von Strichzeichnungen, von Strukturbildern ein? | |
| ⑱ | Überprüfen Sie, wie weit Sie diese Markierungstechniken für sich persönlich nutzen, oder lassen Sie diese Chancen nutzlos vorübergehen? | |

Jede Nein-Antwort ist eine versäumte Chance, gründlicher und besser mit dem Wissen umzugehen!

## Das Vorgehen:
## Die Schritte vom Lesen zum Verstehen

Wir haben die Leseleistung gemessen, die Steigerungsmöglichkeiten überlegt, die Markierungstechniken untersucht.

*Wo bleibt denn unser angenehmes Entspannungsschmökern?*

Nun, das soll Ihnen durch dieses Buch nicht genommen werden – ganz im Gegenteil!
Ihr Lesen soll eine andere Qualität bekommen, wobei von den positiven »Leseerlebnissen« nichts, aber auch gar nichts verlorengehen soll. Sie sollen tiefer eindringen können in das, was andere Menschen schrieben, gleich, ob es ein Fachbuch ist oder eine schöngeistige Schrift.

Sie werden vielleicht einwenden, daß diese Lesemethoden dem Wissenschaftler gleichen, der ein Wesen seziert und dabei die Seele sucht; zum Schluß ist das Wesen tot, nur noch Gewebe, die Seele wurde nicht gefunden? Und doch, um wieviel tiefer können wir durch das »Zergliedern«, das Strukturieren in das Wesen, die Denkweise eindringen, in seine Wege und Gedanken, können den Hintergrund wenigstens schemenhaft erkennen!

Das geht nur, indem wir die Gedankengänge eines Autors zurückverfolgen bis zum Grundaufbau und versuchen, das Kämpfen und Ringen nachzuempfinden. Wir müssen erkennen, was weggelassen wurde – und auch weshalb.

Wenn Sie »effektiver lesen und auffassen«, dann werden Sie schneller und tiefer denken können, auch bei erbaulicher Literatur. Beim Problem des Exzerpts sind einige Überraschungen eingebaut. Sie werden sehen, daß das Verstehen hier viel tiefer gehen muß, als wir es am Anfang ahnten.

# 4 Die Gewinnung von Exzerpten

Ein Exzerpt ist ein Auszug, eine Verdichtung, gewonnen aus einem Text, dem es an Übersichtlichkeit mangelte. Es gibt heute sehr wenige Texte, die ohne Bearbeitung gut überschaubar sind. Dabei haben Didaktik und Methodik heute so große Fortschritte aufzuweisen, daß dies nicht mehr nötig wäre. Natürlich wird man in Fällen, wo in das Original nicht hineingearbeitet werden darf, sofort versuchen zu »exzerpieren«, doch gilt für alle derartigen Arbeiten ein Prinzip:

> Wesentliches ist vollständig, aber immer in kürzestmöglicher Form so zu ordnen und miteinander zu verbinden, daß die Strukturen mit Schwerpunkten, mit Ursachen und Wirkungen klar zu erkennen sind.

Ein Exzerpt ist deshalb immer eine Art Schaubild – mit Worten und mit Verbindungspfeilen ist ein Strukturbild geschaffen worden.

*Sie werden nun fragen:*

- ■ Warum ist es denn nötig, aus einem fließenden, angenehm zu lesenden Text ein Exzerpt zu erstellen?

- ■ Warum bringt gerade die Exzerpiertechnik den entscheidenden Vorsprung bei der Auswertung von Gelesenem?

Beide Fragen können mit einer Antwort – über eine Naturgesetzlichkeit – bestätigt werden:

Der Mensch hat nicht nur »alte und neue Gehirne im Kopf« wie z. B. nach MAC LEAN das alte »Reptilienhirn« für Instinkte, das »Limbische System« für die Gefühlswelt und das »Rindenhirn« oder »Cortex« für intelligente und kreative Prozesse zuständig ist.

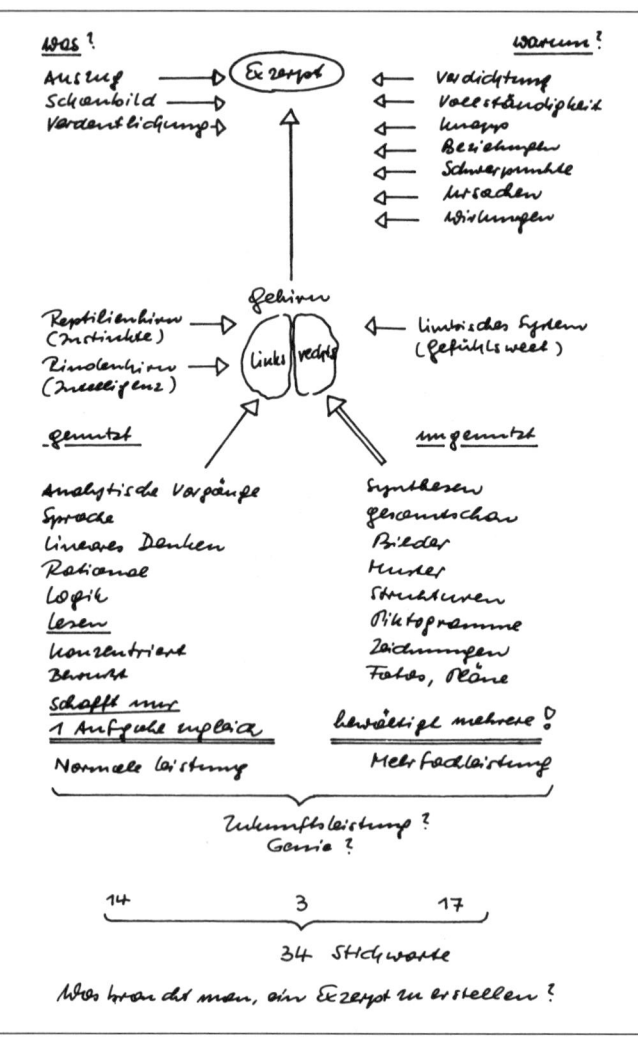

**Umfassenderes Exzerpt** *(Abbildung 33)*

*Wie entsteht es, was soll es beinhalten? Die Abbildung zeigt, daß die linke Hirnseite genutzt wird, während die rechte weitgehend ungenutzt bleibt, daß wir Leistungsfähigkeit verschenken, weil wir im westlichen Denken unser Gehirn nur einseitig nutzen lernten. Das Exzerpt mit seinen Eigenschaften (was?) und Maßnahmen (warum?) sollte mit »beiden Hirnseiten« entwickelt werden.*

*Das bedeutet, daß Sie auch beim Lesen lernen müssen, »beidhirnig« vorzugehen.*

Das menschliche Gehirn sieht von oben aus gesehen wie eine Walnuß aus, mit einer Furche zwischen den beiden Hälften. Beide Teile sind unterschiedlich spezialisiert.

Die linke Seite ist für die analytischen Vorgänge »zuständig«, die rechte für die Synthesen, den großen Überblick, die Gesamtschau, das Bildliche.

Die linke Seite benutzt die Sprache, lineares Denken, Systematik, denkt rational und logisch. Lesen gehört in diese linke Hirnseite, wird dort »abgewickelt«, konzentriert und bewußt.

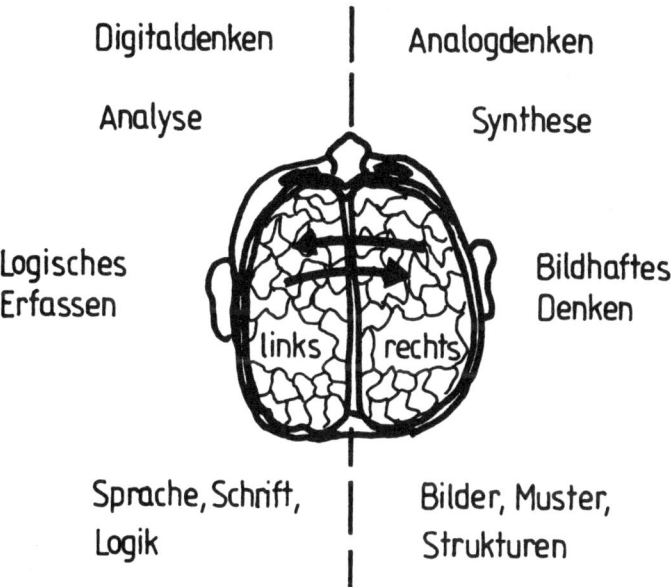

"Beidhirnig" lesen und denken lernen !

*(Abbildung 34)*

*Unser Gehirn besteht aus zwei Hälften, von denen die linke auf die Logik, für Lesen, Sprache, Schrift ausgerichtet ist, während die rechte in Bildern, Mustern und Strukturen »denkt« und dabei im Gegensatz zu der linken Seite mehrere Problemkreise zugleich bearbeiten kann.*

*Westliches Denken erzieht zur »Linkshirnigkeit« (= Rechtshändigkeit). Wenn wir die rechte Hirnseite nicht nutzen können, gleichen wir einem Fahrzeug, das nur die unteren Gänge nutzt, dessen obere Gänge aber blockiert sind. Wir können bedeutende Reserven aktivieren, wenn wir uns entsprechend schulen. Es ist zu vermuten, daß »Genies« aus einer Naturbegabung heraus beide Seiten voll aktivieren können.*

In der rechten Hirnseite denken wir nicht in Worten oder Zeichen, sondern in Bildern, Mustern und Strukturen. Während die linke Seite nur eine Aufgabe logisch bearbeiten kann, wird die rechte Seite intuitiv viele Überlegungen parallel durchführen, gleichzeitig, ohne Worte.

Die linke Hirnseite liest Worte, vielleicht sogar auch Sätze, die rechte sieht Gelesenes in Bildern, in Piktogrammen, in Zeichnungen, in Fotos, in Plänen, in Organigrammen, in Denkmodellen und Schemata.

Sie haben bisher vorwiegend oder ausschließlich »linksseitig« gelesen? Dann sind Sie wie ein Rennfahrer nur in den unteren Gängen gefahren. Warum schalten Sie mit der rechten Hirnseite nicht die oberen Gänge zu, damit Sie gewinnen?

# 4.1 Das Exzerpt als eigenständige Arbeit

Wir haben uns bisher mit Lesen und Markieren befaßt, in sehr herkömmlicher Form. Gut, einige Überlegungen zur Funktion des Auges, der Auswirkungen der Techniken kamen hinzu.

Wir werden immer vom Einfachen zum Komplizierteren, vom Bekannten zum Unbekannten vorgehen, weil nur diese Vorgehensweise (immer in Schritten) vom Lernenden »verkraftet« und verstanden werden kann.

*Nun aber ein »Überfall«:*

Wenn uns unsere Erziehung zu »Linkshirndenkern« gemacht hat, d. h., die rechte Hirnseite bisher zu wenig genutzt wurde, dann kann sich unsere Leistung vervielfachen lassen, denn in der rechten Hirnseite können im Gegensatz zur linken viele Prozesse parallel ablaufen!

Ein Exzerpt ist eine eigenständige Arbeit, die um so besser ausfällt, je intensiver wir unsere rechte Hirnhälfte einsetzen. Sie können diese Arbeit auch als eine Übertragung, eine Umarbeitung für andere Frequenzen, für andere Sendekanäle ansehen. Wort und Bild, das sind Informationskanäle, die

- uns schneller und müheloser begreifen lassen,
- uns helfen, Informationen besser zu behalten,
- die Gedächtnisleistung beim Hörer und Leser bedeutend steigern.

In der Praxis hat sich eine Fülle von Diagrammen herausgebildet, die aus Texten gewonnen werden; einige sind hier aufzuführen:

### ① Strukturbilder
Aus Worten und Pfeilen zusammengesetzte Schaubilder sollen, wie hier im Buch, Fakten und Abläufe in Verbindung bringen.

### ② Piktogramme
Dies sind sofort mit einem Blick erkennbare »Bilder«, die z. B. auf Gefahren oder besondere Sportarten hinweisen.

### ③ Charts
Mit Balken- und Kuchendiagrammen sowie mit einer Vielzahl anderer Techniken werden sonst schwer verständliche Zahlen zueinander in Beziehung gesetzt.

### ④ Strichzeichnungen
Sie helfen, Grundsätzliches in »Gerippen« zu zeigen, das Innenleben von komplizierten Zusammenhängen zu vereinfachen.

### ⑤ Zeichnungen
In allen Arten werden Sie Texte damit veranschaulichen können, verständlicher werden lassen.

### ⑥ Fotos
Sie haben dokumentarischen Charakter und können oft mehr aussagen, als tausend Worte es vermögen.

### ⑦ Konstruktionspläne
Niemals könnte man ein Gebäude so exakt beschreiben, wie dies ein nach Regeln abgefaßter Plan kann.

### ⑧ Flow Charts
Das sind Programme oder geplante Handlungsabläufe, auch Computerprogramme, die auch »gelesen« werden müssen.

### ⑨ Organigramme
Sie zeigen die inneren Strukturen, z. B. einer Organisation oder auch eines Organismus in seiner Funktion, auf.

### ⑩ Denkmodelle
Das sind Vergleiche, Schemata, Muster, mit denen »vorgedacht« werden soll, was später real zu gestalten ist.

Vieles wäre dazu noch zu sagen – im Literaturverzeichnis finden Sie gute Bücher (vgl. Seite 125), um das, was hier nur angeschnitten wurde, zu vertiefen. Wir müssen wieder zurück zur praktischen Arbeit, um das »Handwerkszeug« zu schaffen, mit dem wir für uns selbst das gewinnen wollen, was wir Gestaltungskraft und Selbsterfüllung nennen.

## 4.2 Die Umwandlung von Inhalts- und Stichwortverzeichnissen

Wenn ein Autor oder ein Verlag ein gutes Fachbuch herausbringen will, dann darf ein ausführliches Inhaltsverzeichnis und ein umfangreiches Stichwortverzeichnis – nicht mit einer Seite, sondern mit allen Seiten, in denen Wesentliches zu dem Stichwort gesagt wird – nicht fehlen!

Anders ausgedrückt: Wenn zwei gleichwertige Bücher vorliegen, dann sollte man sich für das Buch mit dem ausführlicherem Inhalts- und Stichwortverzeichnis entscheiden. Wenn Sie drei oder vier Fachbücher haben, dann erhalten Sie ebenso viele Inhaltsverzeichnisse und Stichwortangaben, die Ihnen den Kaufentscheid erleichtern.

Was wir lesen und auswerten wollen, ist Spezialwissen:

---

Nun gehen Sie ganz einfach vor. Wenn die Bücher Ihnen gehören, dann können Sie reinschreiben, wenn sie Ihnen nicht gehören, müssen Sie das Inhaltsverzeichnis und das Stichwortverzeichnis herauskopieren. Sie markieren am besten mit einem Leuchtmarker im Inhaltsverzeichnis das, was Sie brauchen können. Mit diesen Überschriften, die nun als Stichworte gebraucht werden, untersuchen Sie im Stichwortverzeichnis, wo noch Details dazu im Text vorhanden sind.

Am besten schaffen Sie sich ein neues, umgewandeltes Inhaltsverzeichnis für das neue, für Sie interessante Spezialgebiet oder ein umfassendes Strukturbild, das gleich mehrere Bücher umfassen kann.

---

## 4.3 Exzerpte, »auf Lücke« gearbeitet

Wir alle, ohne Ausnahme, haben eine Schwäche: Wir verarbeiten das, was uns in die Hände kommt, suchen noch etwas und geben uns dann zufrieden!

Wir lesen passiv, anstatt aktiv immer das zu suchen, was uns am nützlichsten ist. Wir wählen aus, was uns angeboten wird, anstatt uns den Lesestoff gezielt zu beschaffen, ja mit detektivischem Spürsinn zu suchen.

Angenommen, Sie haben in einem Buch etwas gefunden, was Sie brennend interessiert. Alles, was interessant ist, findet man natürlich als zu knapp, zu wenig ausführlich, zu laienhaft oder zu wissenschaftlich dargestellt.

---

**Mein Rat:**
»Bauen« Sie sich aus dem, was Sie haben, ein umfangreiches Exzerpt oder ein »Wunsch-Inhaltsverzeichnis«, ein »Wunsch-Stichwortverzeichnis«. Und markieren Sie mit dem Leuchtmarker all die Kapitel oder Überschriften der Teilbereiche, die Ihnen noch fehlen.

---

Behalten Sie die »roten Stellen« im Hinterkopf, und werden Sie bitte hellwach, wenn Sie in einem Lexikon, einer Buchbesprechung oder einer Messe oder sonstwo wieder ein Mosaiksteinchen finden, das paßt.

Auszüge, Gliederungen, Strukturbilder, Exzerpte »auf Lücke« zu arbeiten und die Teile zusammenzutragen und hinzufügen, das ist der Weg zum beruflichen Aufstieg, zur überlegenen Fachfrau und zum gewieften Fachmann.

Sie werden nur mit sich zufrieden sein, wenn Sie etwas Außerordentliches schaffen, hier ist ein Weg dazu. Mit Systematik, mit Ausdauer, mit Geduld und etwas Mut ist manches zu schaffen, was niemand erwartete.

*Übrigens, was ist ein Genie?*

Für mich jemand, der perfekt mit beiden Hirnhälften – wir haben gerade darüber gesprochen – zugleich arbeiten kann und der übermenschlich fleißig und ausdauernd ist.
Das letztere müßten wir eigentlich immer schaffen.

# 4.4 Einige Arten von Exzerpten

Über Übersichts- oder Gliederungsexzerpte wurde bereits gesprochen; ein mit Schlag- und Stichwörtern angereichertes Inhaltsverzeichnis kann eine große Hilfe sein.

*Weitere Formen können spezielle Vorteile bringen:*

### ① Der Zitaten-Auszug
Er basiert auf einer Gliederung bzw. einem Strukturbild, bei dem man zu Pfeilen und Stichworten kurze Zitate wörtlich aus dem Buch eingefügt hat. Dabei kann natürlich die Struktur aus der Schrift übernommen werden, oder man baut sich eine eigene, den Zielen besser angepaßte Struktur auf.

### ② Die didaktische Reduktion
Sie zwingt oft zu einer Anpassung der Begriffsbezeichnungen an das Niveau der Zuhörer. Diese Auszüge basieren auf einem Strukturbild und Zitaten, deren Worte in eine höhere/niedrigere Sprachebene übersetzt wurden. Es ist oft nötig, mehrere »didaktische Reduktionen« vorzunehmen.

### ③ Die Schlagwort-Auszüge
Sie sind in der Regel stark reduzierte Gliederungen oder Strukturbilder, aus denen alles das entfernt worden ist, was eingespart werden kann. Hier wird versucht, aus einem Satz oder mehreren Stichworten ein treffendes Schlagwort zu entwickeln, das eine gleichartige und vollständige Aussagekraft hat.

### ④ Die Beziehungs-Auszüge
Sie werden aus mehreren Büchern gewonnen, die die gleiche Thematik behandeln. Außer der bereits beschriebenen Form des »Kopien-Zusammenschnittes« sind tabellarische Gegenüberstellungen und ein »Karteikartenmix« üblich. Derartige Arbeiten haben überall in der Wirtschaft große Bedeutung erlangt.

### ⑤ Die Strukturauszüge
Sie entstehen bereits beim Markieren, wenn mit Transparentblättern oder mit Folien über den gedruckten Seiten Stichworte und Zusammenhänge herausgezogen werden. Der Nachteil ist hier, daß die Konzeption des Textes die Strukturen vorgibt und eigene Intentionen noch nicht berücksichtigt wurden.

### ⑥ Die Überlagerungs-Auszüge
Sie enthalten, nun bearbeitet, logische Strukturen, sind gekürzt und nach der Bedeutung geordnet. Erstellt werden sie, indem mehrfach

Transparentblätter und Folien übereinandergelegt werden, wobei so lange geändert wird, bis die ideale Reihenfolge und Aussage erreicht sind.

### ⑦ Die Lesezeichen-Auszüge

Mit ihnen können Bücher »verbessert« werden. Transparentstreifen mit etwa halber Buchbreite werden so abgeschnitten, daß sie etwa 2 cm höher als die Buchhöhe sind; in der Mitte sind sie eingeschnitten; die eine Hälfte wird umgeklappt, auf die andere kommt das Stichwort. Das hat den Vorteil, daß das Lesezeichen nicht herausrutschen kann. Natürlich wird man sich knapp fassen müssen.

### ⑧ Die Auszüge in Kombinationsformen

Hier werden die Erfahrungen mit verschiedenen Exzerptformen miteinander verbunden. Das gilt auch für das »dehnbare Exzerpt«, das der Arbeit auf Lücke entspricht; natürlich können bei allen For-

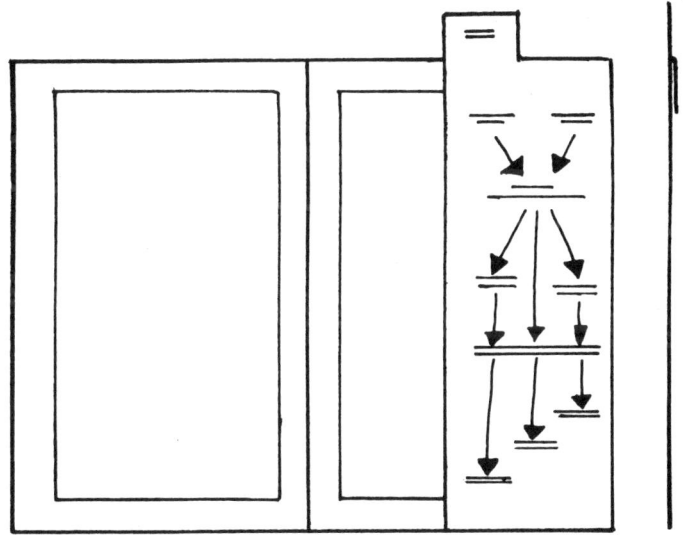

## Lesezeichen mit Halteklappe und Exzerpt

*(Abbildung 35)*

*Lesezeichen mit Halteklappe, das ein kurzgefaßtes Exzerpt trägt. Diese Methode ist auch für eigene Bücher geeignet, die man nicht »vollschreiben« will. Wenn die Beschriftungen und damit die Laschen versetzt angeordnet werden, entsteht für die Auszüge zugleich ein Verzeichnis. Warum nicht einmal selbst ausprobieren?*

men Karteikarten und Formulare eingesetzt werden. Viel Erfahrung gehört dazu, ein Exzerpt zu diktieren, die Gefahr der wortwörtlichen Übernahme ist groß.

Computerexperten werden natürlich den Bildschirm zu Hilfe nehmen. Damit ist die Übertragung komplett, auch hat dieser bei der Visualisierung Vorteile, weil zum Teil bereits sehr gute Programme eingesetzt werden können. Erfahrene »Leser« kombinieren die manuellen Möglichkeiten mit denen, die die Elektronik bietet.

# 4.5 Die Fokussierung von Auszügen

Der Begriff Fokussierung stammt ursprünglich – natürlich neben seiner optischen Bedeutung – aus dem Leistungssport. Er bedeutet, daß alle Kräfte auf einen Brennpunkt, ein Ziel, zu bündeln, mental auszurichten sind. Ohne diese Bündelung ist es heute nicht mehr möglich, besser zu sein als andere Spitzenleute. Begriff und Aussage der Fokussierung werden zunehmend auf andere Bereiche übertragen, so eben auch auf die Gliederung eines Fachartikels. Andererseits ist das Gegenstück zur Fokussierung, die Zerstreuung, die von einem Schwerpunkt ausgeht, von besonderer Bedeutung. Diese Methode ist dann angebracht, wenn z. B. Aufgaben vergeben werden müssen, die alle in einen Zielbereich münden, aber dezentral zu bearbeiten sind.

*Bei der Fokussierung ist folgendermaßen vorzugehen:*

① Während bisher Ausgangspunkt und Zielbereich am Anfang und am Ende einer Kette standen, haben wir es hier mit nur einem Ziel, einer großen Problemlösung zu tun; sie ist zentral zu setzen.

② Alle Kräfte sind, jede für sich, linear zu verstärken, und zwar durch die unterschiedlichsten Maßnahmen. Sie enden im Zielbereich – in unserem Fall, einen Wettbewerb zu gewinnen oder einfach Sieger zu sein.

③ Das Gegenstück, die Zerstreuung, ist mit einer Dezentralisierung gleichzusetzen. Aus einem Schwerpunkt werden Aufgaben an Außenbereiche verteilt, die wiederum Teile davon weitergeben. Die Leistung fließt später, nach deren Aufbau, in die Zentrale zurück.

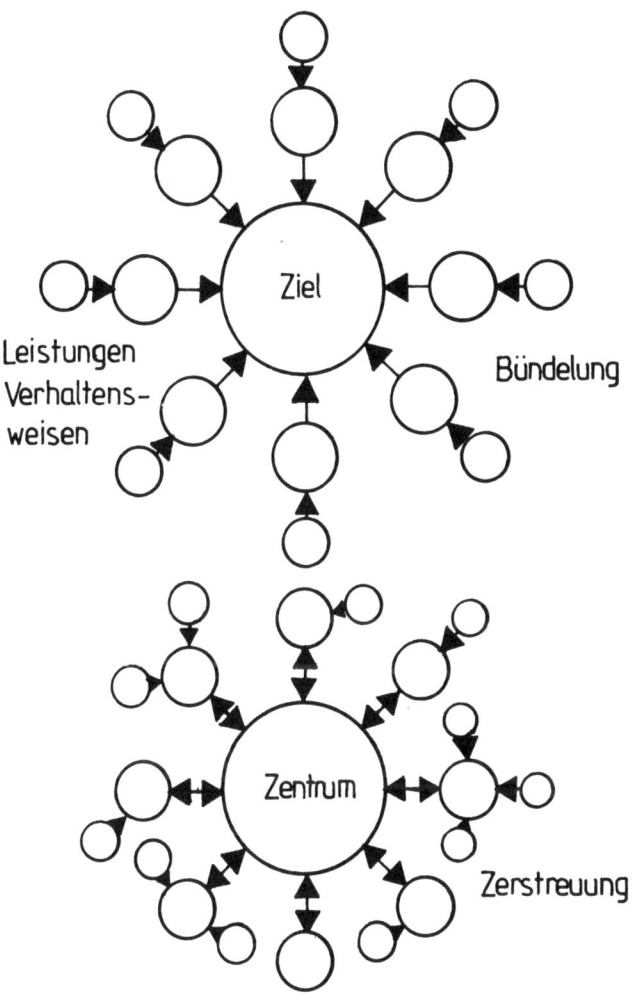

# Fokussierung und Zerstreuung als Ordnungsprinzip

*(Abbildung 36)*

**Fokussierung und Zerstreuung als Grundprinzip des Exzerptaufbaus**

*Entgegen der sonstigen Übung, bei der von einem Ausgangspunkt zu einem Ziel hin gegliedert wird, ballen, fokussieren sich hier alle Kräfte in einem Zentrum, z. B. um eine Aufgabe zu bewältigen. Auch die Wirkung der Dezentralisierung ist mit diesem Prinzip leicht zu demonstrieren.*

Übertragen haben wir es hier mit dem Prinzip der Zentralisierung und der Dezentralisierung zu tun. Während sich bei der Fokussierung jedoch diese Kräfte »freiwillig« von allen Seiten zentrieren, werden bei der Zerstreuung die Außenkraftzentralen vom Zentrum her beeinflußt, erst dann fließen die Leistungen zurück.

Versuchen Sie ruhig mal, Begriffe und Gesetzmäßigkeiten aus anderen Bereichen auf Ihr Fachgebiet zu übertragen. Überall hat die Natur Lösungen geschaffen, die wir nur übernehmen brauchen!

## 4.6 Die Visualisierung von Exzerpten

Mit der Verbildlichung von Auszügen haben wir uns bereits wiederholt befaßt. (In Abbildung 11 wurden grundsätzliche Überlegungen zu den Verbildlichungen von Strukturen aufgeführt, in Kapitel 4.1 »Das Exzerpt als eigenständige Arbeit« haben wir Formen der Verbildlichung aufgegriffen.)

Auszüge sollten immer Bildform haben, wobei wir uns von der irrigen Vorstellung lösen müssen, daß man mit Pfeilen und Worten keine bildhaften Strukturen gestalten könnte. Ganz im Gegenteil, oft überwiegt in den Auszügen, gerade in den stark verbildlichten, das Wort. Können wir Wörter nicht nur an den Buchstaben, sondern auch und gerade am Wortumriß wie ein Bild erkennen? Die Sprechblase wurde nicht erst mit Donald Duck erfunden!

So wollen wir hier die Verbildlichung nicht im Detail besprechen, sondern nur mal in diesem Buch blättern und die Skizzen und Strukturbilder betrachten. Natürlich sollten wir zu diesem Zweck immer ein Buch wählen, das nicht nur Bilder aus Vermarktungs- und Auflockerungsgründen enthält, sondern Bücher, wo das Bild Informationen bringt, zusätzliche Aussagen, die mit Worten nicht oder nur sehr schwer zu vermitteln sind. Im Schul- und Fachbuchbereich rechnet man längst mit einer Relation 250 Seiten zu rund 500 Bildern!

Natürlich ist die Visualisierung für viele von uns ein Schritt in eine neue Welt. Erinnern Sie sich, wie Sie fotografieren lernten? Sie sahen auf einmal Details, die Sie vorher hundertmal gesehen, aber nicht wahrgenommen haben. Analog liegt der Fall bei der Verbildlichung von Fakten: Vieles vorher nicht Wahrgenommene wird auf einmal deutlich – und zwar auch in seinen Zusammenhängen.

# 4.7 Ratschläge für die Verbildlichung von Aussagen

Gerade in Seminaren wird man oft gefragt, wie man denn beim Visualisieren am besten vorgeht. Wir erarbeiten die Antworten dann immer in einer Gemeinschaftsarbeit, die ich Ihnen nun vorstellen will.

*Bewährt ist die folgende Vorgehensweise:*

- Lassen Sie sich Zeit, und denken Sie ruhig über die Aussage nach, bevor Sie die Technik wählen, in der Sie das Gelesene verbildlichen wollen.

- Eine Aussage ohne eine gewisse Abstrahierung wird nicht ernstgenommen; malen Sie deshalb keine »Bonbonbilder« in stark naturalistischer Zeichenweise.

- Je weniger abstrakt ein Bild ist, desto schwerer wird es, eine beherrschende Bildaussage herauszupräparieren, das »schöne Bild« überdeckt die Aussage zu stark.

- Versuchen Sie, mit wenigen Strichen – und wenigen Blicken – das Wesentliche einer Aussage so zu fassen, daß sie ins Auge springt.

- Eine Visualisierung muß nicht schön sein, sondern nur aussagekräftig. Haben Sie also keine Angst wegen Ihrer eventuell mangelnden Zeichenkünste!

- Überladen Sie die Bilder auf keinen Fall, denn dann würden die Klarheit, die Übersichtlichkeit, die Verständlichkeit der zu vermittelnden Information verlorengehen.

- Stöbern Sie in Ihren Lehrbüchern, in den Zeitungen und Zeitschriften nach Schaubildern, schneiden Sie diese bitte aus, und sammeln Sie sie.

- Fangen Sie bitte mit einfachen Vergleichsgrößen an, mit Balkendiagrammen, mit Größenvergleichen und mit Kreisdiagrammen.

- Verlieren Sie bei derartigen Arbeiten die Scheu vor der bildlichen Darstellung! Überprüfen Sie bitte immer genau die Aussagen der Schriftdarstellung, denn sie sind oft falsch!

- Erstellen Sie dann Diagramme in einem Koordinatennetz, z. B. um Entwicklungen darzustellen – auch für den Lesestoff; mit Zahlen allein sind manche Sprünge nicht zu erkennen.

- Entwickeln Sie Kreisdiagramme, setzen Sie Blöcke bei Steigerungen – oder Verringerungen – hintereinander, um den Veränderungsgrad zu erkennen!

- Verwenden Sie Schraffuren verschiedener Art, manuell oder mit Hilfe von Transparent-Klebepapieren vom Bürobedarfshändler!

- Vereinfachen Sie technische Zeichnungen auf das Wesentliche der Aussage; trennen Sie das Wichtige ab, um mehr Klarheit zu erlangen!

- Setzen Sie allgemeinverständliche Kurzzeichen ein, z. B. technische und kaufmännische Kürzel; erklären Sie diese aber im Text!

- Lernen Sie, freihändig zu skizzieren und zu beschreiben; weil das nur wenige können, wird man Sie dafür bewundern!

- Verwenden Sie ruhig Fotos, oder zeichnen Sie die Fotos mit Folie oder Transparent durch!

- Lernen Sie Arbeitsabläufe und Arbeitsfolgen zu verbildlichen, Sie werden dann schnell erkennen, was man noch besser, schneller und wirksamer ausführen kann!

- Nehmen Sie bei den Ablaufdiagrammen der elektronischen Datenverarbeitung eine »Anleihe« auf, und gehen Sie bei der Verdeutlichung von Abläufen analog vor!

- Auch die Netzplantechnik zeigt eine Reihe von Möglichkeiten, wie komplizierte Abläufe verbildlicht werden können, um damit rationeller zu arbeiten.

- Erstellen Sie vor der Verbildlichung Tabellen und Listen, zum einen, um diese selbst zu verwenden, zum anderen, um eine Unterlage für Diagramme zu haben!

Fürs erste ist es genug! Aber Sie dürfen nicht vergessen:

Die Visualisierung, die Verbildlichung von Texten führt uns zu einer neuen Leistungsebene, ja in eine neue Lesewelt. Wir werden ein Vielfaches des bisherigen Leseinhaltes entnehmen und weiterentwickeln können.

# 4.8 Sich auf Neues mit Auszügen leichter einstellen!

Wollen wir uns jetzt noch ein wenig mit der Psychologie des Lesens beschäftigen?

*Hierzu sind folgende Kernaussagen wichtig:*

- ■ Wir nehmen beim Lesen – wenn wir uns nicht darauf konzentrieren – nur auf, was uns bekannt ist.

- ■ Wir nehmen beim Lesen nur die Faktoren auf, die für uns im Augenblick wichtig sind.

- ■ Wir halten beim Lesen unsere Wirklichkeit – entsprechend unserem Entwicklungsstand – für die einzig richtige.

- ■ Wir begreifen vom Gelesenen nur, was wir ohne Probleme »verdauen« können, lesen über anderes aber munter hinweg.

- ■ Wir unternehmen nicht einmal den Versuch, zwischen den Zeilen zu lesen, um mehr Informationen zu erhalten.

Ja, ja, ich weiß, liebe(r) Leser(in), das trifft für alle anderen zu, aber für uns doch nicht! Oder doch?

Wollen wir es ausprobieren? Wozu gibt es denn die Tests?

Also: Lesen Sie irgendeinen Text, z. B. einen anspruchsvollen fachlichen aus Ihrem Arbeitsgebiet. Beurteilen Sie ihn nach einmaligem Durchlesen nach Ihrer Lesegeschwindigkeit und Auffassungskraft.

Nun gehen Sie so vor, wie Sie es beim Markieren, beim Exzerpieren, beim Visualisieren gelernt haben, und erstellen ein ausführliches, individuelles Exzerpt. Schreiben Sie auch das hinein, was Sie zwischen den Zeilen lesen! Und dann vergleichen Sie dieses Exzerpt einmal mit dem beim ersten Textdurchgang Gelesenen.

Die vorher genannten fünf Kernaussagen sollten uns zumindest nachdenklich stimmen. Und wir sollten bewußt derartigen Verhaltensweisen solange entgegensteuern, bis es zu einer guten, zweckmäßigen Gewohnheit geworden ist, gründlicher zu sein und uns selbst besser zu kontrollieren.

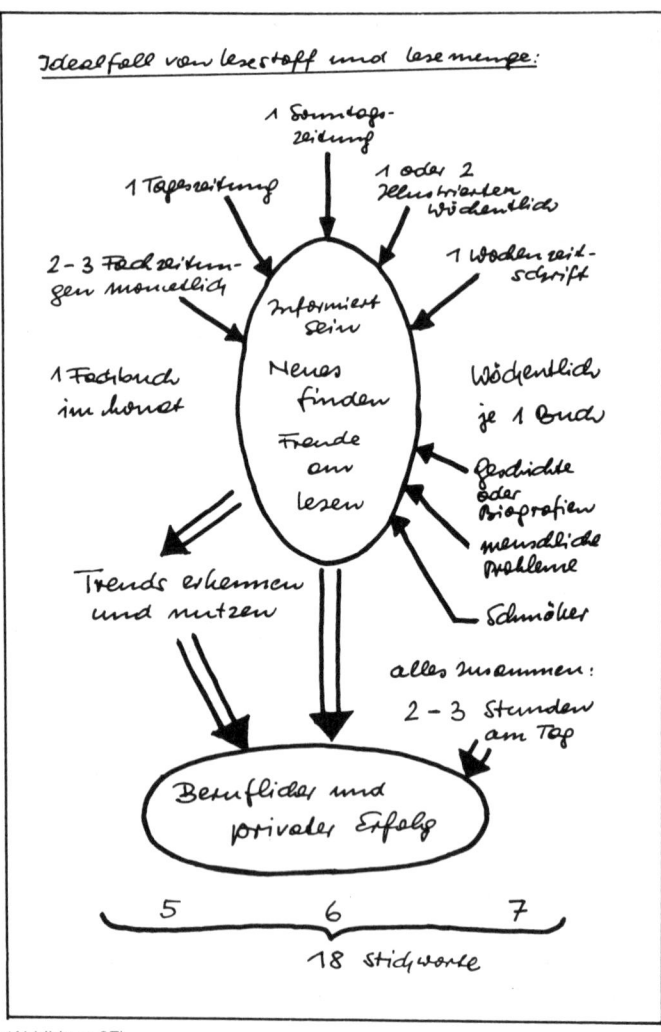

*(Abbildung 37)*

**Exzerpt in einer Mischform zwischen Fokussierung und Ausrichtung auf ein zweites Ziel**

*Die Maßnahmen, die zum Zentrum drängen, sollen Informationen liefern, Neues finden helfen, auch Freude am Lesen bringen. Alles das kostet rund zwei bis drei Stunden Zeit am Tag, wird aber helfen, Trends zu erkennen und auszunutzen, und damit zu beruflichem und privatem Erfolg führen.*
*Sind Sie über die Lesemenge erschrocken? Reduzieren Sie diese durch die ge-meinsam erarbeiteten Techniken!*

# 4.9 Effektiver lesen oder nur schneller lesen?

Greifen Sie sich aus dem Kapitel 5 zwei Abschnitte heraus, und führen Sie die Leseübung mit Wpm und Auffassungskraft nach unserem Schema durch. Welche Leseleistung haben Sie erreicht? Ist das die wirkliche Leseleistung?

Diese methodisch-didaktische Maßnahme, schneller lesen und aufnehmen zu lernen, ist sicher zweckmäßig für den Anfang, für die Entwicklung.

Warum haben wir aber nicht an Mustertexten »lesen geübt«? Weil ein effektives Lesen mehr ist als ein schnelles Lesen allein!

Effektives Lesen muß sein wie Schreiben; es muß kreativ sein, wenn es uns weiterbringen soll. Wir haben beim Exzerpt zuerst rekonstruktiv herausgezogen, dann reorganisiert, in neuer Reihenfolge geordnet, dann transferiert in andere Bereiche, spätestens mit der Visualisierung sind wir im Bereich des Kreativen gelandet.

Auf die Wirkung kommt es an, nicht immer auf die Schnelligkeit allein.

## ● Kernpunkt 6:

**Vom rekonstruktiven Lesen zum kreativen Tun – vom einfachen Auszug zum »angereicherten« Exzerpt**

Mit einer Steigerung der Leseleistung allein ist noch kein außerordentliches Ergebnis zu erwarten. Zu gering ist das, was bleibt, – mag der Text auch noch so gut gewesen sein. In einem gut ausgearbeiteten Exzerpt sind eigene Erfahrungen einzubauen, sind kreative »Erweiterungen« nötig und zum besseren Verständnis die Techniken der Visualisierung einzusetzen.

*Besonders wichtig ist:*

- Ein Exzerpt ist so auszuarbeiten, daß nicht nur der »logische Teil« unseres Gehirns angesprochen wird, sondern auch der, der in Bildern und Mustern denkt.

- Das ist deshalb von besonderer Bedeutung, weil unser »Lesehirn« nur eine Aufgabe zugleich, das »Bildhirn« hingegen mehrere gleichzeitig bewältigen kann.

- Deshalb ist es nötig, bildhafte Darstellungen aus Gelesenem zu entwickeln, um die eigene Leistungsfähigkeit »im Aufnehmen« zu vermehrfachen.

- Gliederungen und Inhaltsverzeichnisse sind der Anlage nach bereits Strukturbilder; sie enthalten nicht nur Informationen, sondern sie – und damit die Informationen – können umgewandelt, ergänzt, gekürzt und umgestaltet werden.

- »Auf Lücke« gearbeitete Auszüge nehmen Stichworte anderer Unterlagen auf und können noch nach langer Zeit mit eigenen Ideen komplettiert, auch angepaßt werden.

- Es gibt fast unzählige Varianten, wie Exzerpte gestaltet werden können – von Zitat- und Schlagwortauszug über die didaktische Reduktion bis hin zu Kombinationsformen.

- Fokussierung und Zerstreuung als Strukturformen erlauben zusätzliche Gestaltungsmöglichkeiten und ergänzen die linearen und gefächerten Formen.

- Die Verbildlichung von Aussagen hilft nicht nur, Fakten verständlicher darzustellen, sondern sie steigert das eigene Verständnis auch deutlich.

- Die Leistungssteigerung mittels Visualisierung ist so bedeutend, daß es heute nicht mehr möglich ist, auf diese Hilfe zu verzichten.

- Von besonderer Bedeutung beim Exzerpieren und Visualisieren ist der mit dieser Arbeit verbundene »Verständnisschub«, der Neues und Unbekanntes über die »Befremdlichkeitsstufe« zu Bekanntem und Gewohntem werden läßt.

Gekonntes Exzerpieren und Ergänzen, in einer Form, daß man danach schreiben und sprechen kann, ist die Fortführung der Arbeit beim Lesen. Hier entsteht die Naht- und Übergangsstelle, wo aus einer fremden Leistung durch Lesen und Übernehmen eine eigene, individuelle wird. Sie bringt uns persönlich und beruflich weiter!

## Checkliste: Wie schaffen wir aus Gelesenem und Markiertem eine eigenständige Arbeit?

WOLFGANG ZIELKE, einer der erfahrensten Lesetrainer, sagt: »Lesen Sie so, wie Sie schreiben wollen!« Daraus können unsere Fragen abgeleitet werden, die sich bei dem Problem der Exzerpts, der Auszüge, der eigenen Bearbeitung von Gelesenem befassen.

| Pos. | Fragen, Fakten, Zusammenhänge | erfüllt |
|------|-------------------------------|---------|
| ① | Sind Sie sich bis ins Detail klar, weshalb die Fähigkeit, erstklassige Auszüge herzustellen, für Sie persönlich und beruflich so wesentlich ist? | |
| ② | Akzeptieren Sie die Erkenntnis, daß unser Gehirn vorwiegend linksseitig, also einseitig und unzureichend, genutzt wird? | |
| ③ | Wollen Sie aus der Erkenntnis heraus, daß die rechte »bildaufnehmende Seite« des Gehirns oft die leistungsfähigere ist, diese mehr nutzen? | |
| ④ | Werden Sie bei Auszügen immer vom Einfachen zum Schwierigen, vom Bekannten zum Unbekannten vorgehen? | |
| ⑤ | Sind Sie bereit, sich persönliche, individuelle Verbildlichungs- und Strukturierungstechniken zu schaffen und diese auch laufend zu nutzen? | |

| Pos. | Fragen, Fakten, Zusammenhänge | erfüllt |
|------|-------------------------------|---------|
| ⑥ | Studieren Sie Inhalts- und Stichwortverzeichnisse, und sind Sie bereit, hier zu selektieren, zu verändern, sich Gedanken über Verbesserungen zu machen? | |
| ⑦ | Werden Sie für Ihre eigene Arbeit Exzerpte auf Lücke arbeiten und in jahrelanger Arbeit die offenen Stellen auffüllen? | |
| ⑧ | Legen Sie sich eine Sammlung von Exzerptarten an, mit Mustern, die Sie nutzen, kombinieren, immer wieder variieren können? | |
| ⑨ | Werden Sie immer wieder neue Formen von Auszugsstrukturen finden, niemals beim Erreichten stehenbleiben? | |
| ⑩ | Werden Sie alles, was sich durch Verbildlichung besser aussagen läßt, auch in die verständlichere Bildersprache umsetzen? | |
| ⑪ | Werden Sie sich Schritt für Schritt eine Verbildlichungstechnik in vielen Varianten aneignen? | |
| ⑫ | Nehmen Sie in Zukunft den Vorteil wahr, alles was neu und unbekannt ist, über eine Verbildlichung zu kontrollieren? | |

Wenn Sie alle Fragen mit Ja beantworten konnten, dann sind Sie auf dem besten Weg, aus Gelesenem verblüffende eigene Arbeiten zu gestalten. Die Erfahrung zeigt, daß das in der Regel der Punkt ist, die Schwelle, die den beruflichen Aufstieg, die gesellschaftliche Geltung, kurz Ihre Bedeutung zum Tragen bringt.

## Die Wirkung: Wie ist Lesearbeit in Berufserfolg umzuwandeln?

»Wer zu spät kommt, den bestraft das Leben.« GORBATSCHOWS berühmter Ausspruch gilt nicht nur für die Staaten, die in ihrer Entwicklung irgendwo steckengeblieben sind, sondern auch für jeden Menschen.

Wir blicken immer zu sehr auf den Werdegang derer, die von fürsorglichen Eltern gefördert wurden, die über Schulen, Ausbildung und Hochschulen die Starthilfe erhielten, durch die man einen erfüllenden Beruf erreichen kann.

Viele Menschen, die in Ermangelung dieser Ausbildung heute eine sie nicht erfüllende, monotone Arbeit leisten, sehnen sich nach einer Aufgabe, die sie ganz fordert. Das gilt für Frauen mehr als für Männer, denn sie sind in vielen Bereichen, allen Fortschritten zum Trotz, noch immer benachteiligt!

Kommunikation besteht heute nicht mehr nur aus Reden, aus Rhetorik und Überzeugung allein. Die Möglichkeiten sind größer geworden – und wir müssen sie nutzen, ob wir wollen oder nicht.

»Lohnt sich das eigentlich?« werden Sie fragen? Lernen und Neues aufnehmen sind die Basis, um an einer erfüllenden Aufgabe zu arbeiten.

---

Lesearbeit in Berufserfolg umzuwandeln, das impliziert zwei Komponenten:

① Sie müssen lernen, die 36 000 Seiten im Jahr, die Sie außerhalb des Berufes lesen, so selektiv zu bearbeiten, daß nur das »hängenbleibt«, was Sie freut und was Ihnen nutzt. Verzettelung verhindert Berufserfolge!

② Was bleibt, kommt in drei Gruppen:

1  Was bedeutsam ist, wird als Exzerpt festgehalten.

2  Was wichtig ist, wird ergänzt und ausgearbeitet.

3  Was sehr wichtig ist, das wird über Jahre hinweg immer wieder mit »gesuchten« Ergänzungen verfeinert, bis darauf der nächste Karriereschub gesetzt werden kann.

Anders ausgedrückt:

■ Schnell-Lesen und -Aufnehmen sind wichtig, um Wesentliches auszusortieren.

■ Markieren und Exzerpieren, um festzuhalten.

■ Ausarbeiten und Ergänzen, um in die Tiefe zu gehen.

■ Kreativ arbeiten, um beruflich noch mehr zu erreichen.

# 5 Wirksamer lesen – von der Pflicht zur Kür

»Wir glaubten seit Jahren, daß wir lesen und auffassen können, und jetzt ist uns, als ob wir ganz neu beginnen müßten.« Das ist der Stoßseufzer von Kursteilnehmern, wenn sie erfaßt haben, wo sie bisher Kapazität, Chancen, Möglichkeiten verspielt hatten – einfach, weil sie es nicht besser wußten.

Straft das Schicksal diejenigen, die zu spät kommen? Indirekt ja, denn sie haben vielleicht den kleinen Vorsprung verpaßt, der die langersehnte Beförderung gebracht hätte…

Von der Pflicht zur Kür – die Pflicht haben wir bereits hinter uns. Die Kür? Die muß man sich aus dem Gelernten selbst zusammenstellen. Das ist Ihre Sache! Aber wir wollen vor dem großen Finale noch einmal ergänzen und zusammenfassen, damit Sie Mut bekommen, ein neues, anderes Lesen, eine andere effektivere Form zu finden. Also auf zum Endspurt!

## 5.1 Wie man die besten Leseunterlagen findet

Hier müssen wir trennen – zwischen den Tagesinformationen, dem allgemeinen Lesestoff zur persönlichen Freude und dem, was man zur Behauptung und zum Weiterkommen im Beruf braucht.

Mindestens eine Tageszeitung sollten Sie »mit sehr großem Blickwinkel« oder ebensolcher Blickspanne lesen. Etwas Klatsch und die Tagesprobleme muß man kennen; zum anderen zeigen bereits diese Zeitungen bestimmte wesentliche, sich ändernde Trends.

Eine Sonntagszeitung, eine oder zwei Illustrierte, eine Wochenzeitschrift mit Kurzberichten und Serien über aktuelle Probleme sollten es schon sein. Sie müssen nicht alles lesen; aber herausziehen, was Sie in Ihrem Arbeitsgebiet brauchen können.

★

In den beiden ersten Bereichen finden Sie bereits aktuelle Hinweise über neue Literatur, über Fachbücher, über Ihre Interessengebiete. Dazu greifen Sie sich einmal in der Woche in einem guten Taschenbuchladen je ein geschichtliches Buch heraus oder eine Biographie, eines über menschliche Probleme oder Psychologie sowie eines »fürs Herz«, einen Schmöker Ihres Geschmacks!

Das macht im Jahr rund 300 Tageszeitungen, rund 50 Sonntagszeitungen, rund 100 Illustrierte, rund 50 Wochenzeitungen mit aktuellen Themen. Hinzu kommen rund 50 Romane, 50 psychologische Arbeiten, 50 geschichtliche Bücher oder Bücher eines anderen Geschmacks.

Sind Sie erschrocken über diese horrende Summe? Zählen Sie nach! Man braucht einfach so viel, um im Trend zu bleiben.

Sprechen Sie mehrere Sprachen? Mit jeder Sprache ist man eine Persönlichkeit mehr. Jeden Monat sollten Sie dann in der Sprache wenigstens ein Buch lesen.

*Nun kommt das Fachliche:*

Um sich im Beruf behaupten zu können, müssen Sie

- mindestens zwei bis drei Fachzeitungen nicht nur überfliegen, sondern systematisch lesen.

- Dazu kommt mindestens ein wichtiges Fachbuch im Monat, das sorgsam zu lesen und Seite um Seite mit einem »auf Lücke« gearbeiteten Exzerpt zu versehen ist.

## 5.2 Die Denkarbeit beim Lesen

Wenn Sie die preiswerteren Bücher und Zeitschriften kaufen, werden Sie rund 3000 DM im Jahr anlegen müssen, dazu noch einmal einige 100 DM für Kopien. Wenn Sie auf Dauer mit Erfolg im Leben stehen wollen, ist das der Preis, der dafür zu zahlen ist. Wenn Sie diese Summe nicht aufbringen wollen oder können, dann müssen Sie sich mit anderen, die das gleiche Problem haben, zusammentun. Gemeinsam arbeitet es sich ohnehin leichter. Sie müssen Büchereien nutzen, Ihre Kopierrechnungen werden etwas steigen, ebenso der Zeitbedarf.

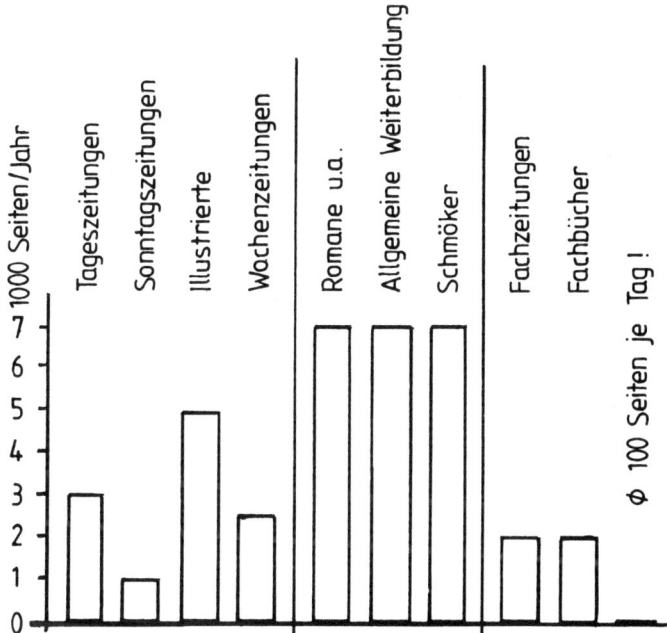

## Jährliche Lesemenge »informierter« Bürger (ohne berufliches Lesen)

*(Abbildung 38)*

*Diese »bildliche Darstellung« hat zwei Aufgaben:*

1) *zu zeigen, wie mit einfachsten Mitteln Gelesenes verständlicher werden kann (hier durch ein Blockdiagramm). Die im Jahr »gelesenen« Seiten sind hier in eine andere Relation gesetzt, überprüfbarer, klarer für die Beurteilung und Kritik.*

2) *Diese Aussage selbst wird von Ihnen nicht gleich angenommen werden. 7000 Seiten Roman im Jahr? Oder ist die Tageszeitung »zu kurz gekommen«? Oder das Fachliche? Sie beginnen zu zweifeln und zu kontrollieren. Blicken Sie mal auf die Seitenzahl der Illustrierten, die Sie gerade weggelegt haben!*

*Dabei ist der große, sehr unterschiedliche Block des rein beruflichen Lesens noch nicht zur Sprache gekommen. Mit Verschiebungen werden Sie schon auf 100 Seiten pro Tag kommen!*

Aber das Ganze hat seinen Haken: Wenn Sie Erfolg haben wollen, dann müssen Sie nicht nur das Wissen der Vergangenheit beherrschen, sondern Ihre Denkweise und Ihr Wissen müssen hochaktuell sein. Deshalb die Mischung von Zeitschriften und Büchern, die zu lesen sind. Ein Buch, auch wenn es von einem voll im Leben stehenden Könner geschrieben ist, wird beim Datum des Erscheinens schon drei Jahre zu alt sein.

Bei Computer-Handbüchern ist ein Jahr schon zuviel.

Wir wollten doch über die Denkarbeit beim Lesen sprechen?

Wir halten Denken immer für etwas, was sich in seiner Art nicht verändert. Das stimmt nicht – von Jahr zu Jahr treten gravierende Veränderungen auf. Besonders der Computer hat zu einer Art von präzisem Denken geführt, das es vorher so nicht gab. Ich merke Tag für Tag bei meinen Studenten, wie eine Maschine Denkprozesse des Menschen verändern kann.

Ähnliches habe ich mit diesem Buch über effektives Lesen versucht. Gut, wir haben zusammen gelernt, schneller zu lesen und aufzufassen; bereits der Zwang zum besseren Auffassen hat Ihre Art zu denken verändert.

Dann kamen die Probleme der Markierung, der Auszüge, der Veränderungen der Exzerpte, der Ausrichtung von Gelesenem auf ein eigenes, kreatives Werk. Haben Sie erkannt, wie wichtig es ist, bereits beim Lesen in Bildern zu denken? Außerordentliche Leistungen werden Sie in Zukunft nur bei »beidhirnigem Lesedenken« in der logisch-bildhaften Art erreichen.

Oder wollen Sie sich bescheiden, denken, wie Sie gestern dachten, um dann für jemand »von Vorgestern« gehalten zu werden? Wenn Sie das nicht wollen, müssen Sie eben anders und effektiver denken, und das fängt schon beim Lesen an.

# 5.3 Das Selektieren in allen Lesestufen

Gewiß ist die Auswahl der idealen Lesestoffe und die der entsprechenden Techniken eine der wesentlichen Voraussetzungen für effektiveres Lesen.

*Deshalb sollen hier Punkt für Punkt einige wesentliche Fragen angeschnitten werden:*

- ■ Sie haben keine Wahl zwischen gründlichem Lesen und schnellem Lesen. Auch ein Übersichtslesen mit großem Blickfeld muß so gründlich erfolgen, daß nichts Wesentliches übersehen wird.

- ■ Wenn die Beseitigung von Lesefehlern auch eine Verbesserung der Leseleistung bringt, so werden uns doch nur unsere Gedanken, unsere Denkfähigkeit dazu bringen, aus dem Gelesenem einen hohen Nutzen zu ziehen.

- ■ Trotz hohen Lesetempos muß man immer nach Wichtigem Ausschau halten und es auch finden! Das Tempo für anspruchsvolle Texte bestimmt das Denk- und Auffassungsvermögen, nicht der Wunsch nach hoher Lesegeschwindigkeit.

- ■ Sie müssen unterscheiden zwischen spannend und wichtig. Bei spannenden Texten sollte man sich nicht aufhalten lassen, auch wenn es noch so reizt, wichtige Texte sind zur Nacharbeit zu markieren.

- ■ Lesen heißt Gedanken auffassen, sie durch Selektion finden, dann neu ordnen, mit den eigenen Ideen verbinden, sie neu verarbeiten und gestalten. Für diese kreative Arbeit ist sehr große Konzentration nötig.

- ■ Stellen Sie bitte an den Text Fragen, gezielt, um mit- und nachdenken zu können, auch wenn die Antworten nicht erschöpfend sind. Mitdenken umfaßt das Vergleichen, die Entscheidung, das Urteil – zusammen die Selektion.

- ■ Der Feind ist die Weitschweifigkeit – auch bei der Auswahl des zu Lesenden, ebenso beim Exzerpieren. Sammeln, Sichten, Brauchbares aussondern und den eigenen Gedanken zuordnen, das ist eine gute Konzentrationsschulung.

Ein Selektionstraining gilt nicht nur für das Lesen, sondern fast für alle Aufgaben, die wir im Leben zu bewältigen haben. Wenn Entscheidungen getroffen werden müssen, werden zugleich auch die Entschlossenheit und der Mut verbessert.

# 5.4 So lesen, daß man danach schreiben kann!

Das soll auf keinen Fall heißen, daß wir abschreiben sollen! Texte müssen »verdaut«, umgestellt, mit unseren Worten wiedergegeben, ergänzt und erweitert werden. Je besser wir jedoch Texte erfaßt haben, desto kritikfähiger werden wir.

Hören, Schreiben, Lesen und Sprechen – das sind die vier Ebenen, auf die jede geistige Arbeit aufbaut. Das Gedächtnis und seine Funktion kommen hinzu – das dürfen wir nicht vergessen, wenn wir uns mit Lesen beschäftigen.

Das Training von Gedächtnis und Ausdrucksform von Wort, Bild und Körper prägt die Persönlichkeit. Beim Lesen ist der Einsatz der jeweils passenden Lesetechnik ein Zeichen von Überlegenheit.

Es ist jeweils die Lesetechnik einzusetzen, die für die Zielvorstellung optimal ist – eine der Stufen, die wieder vom Gelesenen, auch über das Exzerpt, zum Schreiben führt, aber nun mit den Worten und dem Stil der Persönlichkeit.

Das bedeutet z. B. die prägnante, kurze Wiedergabe von Zeitungsinhalten – aber nur von zweckmäßigen. Verlangt wird bewußtes Lesen und die Trennung von Tatsachen und Meinungen, mit denen man sich auseinandersetzt.

Die Relation zwischen dem Umfang des Informationsangebotes und der persönlichen »Gewinnerwartung« muß stimmig sein, oft wird das »Warum« erst in einem zweiten Durchgang der nutzbringenden Textstellen zu finden sein.

Die eigene Schreibarbeit wird meist einen schmalen Spezialbereich umfassen, deshalb sind Orientierungshilfen wie Inhalts- und Stichwortverzeichnisse systematisch zu nutzen – was auch für passende Graphiken gilt.

»Senkrechtes« und »springendes« Lesen ist als Vorarbeit für Auszüge von speziellen Themen sehr vorteilhaft. Lassen Sie sich aber bitte nicht ablenken von interessanten Themenkreisen außerhalb des gewählten Bereiches!

Ausrichtung von Gliederungen:

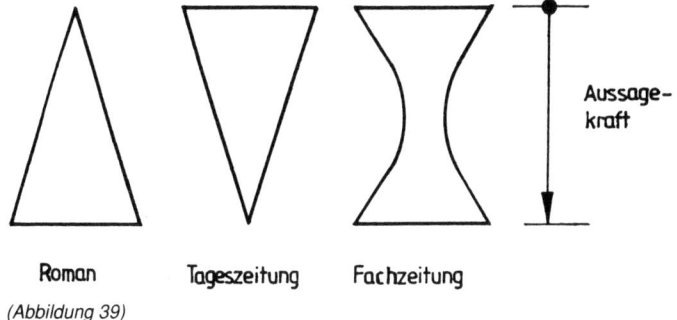

Roman          Tageszeitung    Fachzeitung

*(Abbildung 39)*

*Beim Lesen ist die Strukturierung nicht nur zu erkennen, sondern sie ist bereits bei der Wiedergabe zu verändern. Das Bild zeigt drei typische Strukturen:*

■ *Der Roman baut sich so auf, daß die höchste Aussagekraft gegen Ende erreicht wird.*

■ *Tageszeitungen bringen die Hauptaussage am Anfang, denn wir lesen bei Zeitungen nicht Zeile um Zeile. Ohne diese Struktur bliebe ein Artikel ungelesen.*

■ *Bei Fachbeiträgen muß Wesentliches am Anfang gesagt werden, sonst wird keine Aufmerksamkeit errungen. Das Niveau darf nicht zu stark absinken, bis zum Schluß eine Zusammenfassung gezogen wird.*

Vorbereitung zum Schreiben ist Sucharbeit in verschiedensten Unterlagen, Auswertung, Ergänzung, Korrektur und Einbringen eigener Erfahrungen und Erkenntnisse. Wer sich nicht straff konzentriert, wird sich verzetteln, nicht fertigwerden, sein Ziel nicht erreichen!

## 5.5 Die Informationen zwischen den Zeilen erkennen

In vielen Büchern – gewiß nicht den schlechtesten – steht zwischen den Zeilen mehr, als mit Buchstaben, mit Worten und Sätzen gedruckt worden ist.

*Das hat eine Reihe von Gründen:*

- Der Autor ist abhängig von einer überstarken Autorität, gegen die er – zumindest bei der Drucklegung – noch nicht offen angehen kann. So baut er eine schlüssige Beweiskette auf, ohne das logische Ergebnis zu nennen.

- Zwischen der Niederschrift und dem Erscheinen eines Buches kann eine relativ lange Zeitspanne vergehen – der Autor hofft, daß nach dieser Zeitspanne die bei der Niederschrift noch spekulativen Folgerungen bei der Veröffentlichung als aktuell und aussagestark anerkannt werden.

- Mancher Autor, der sich seiner Sache »so sicher nicht« ist, schneidet deshalb zwar verschiedene Theorien an, denkt sie aber nicht zu Ende, schließt sie nicht ab. Angst vor eventueller Blamage ist oft der Grund dafür.

- Letztendlich gibt es viele Gründe, weshalb man in einem Text manches nur andeutet, »schwer verdaubare« Wahrheiten nicht ausspricht. Eine davon ist das Bestreben, die Gefühle von anderen Menschen nicht zu stark zu belasten.

- Es gibt Autoren, die schneiden bewußt verschiedene Perspektiven an und überlassen das Weiter- und Zu-Ende-Denken dem Leser. Derartige Bücher sind Edelsteine, weil sie nicht »schulmeistern«, sondern zu eigenem, kreativem Denken anregen.

Lange Zeit war man der Meinung, daß ein Ratgeber zwar Grundlagen vermitteln sollte, aber auch im Detail Vorgaben zu bringen hat, die bis in den letzten kleinen Bereich vollständig und umfassend sind. Ich als Autor habe mich nie an diese Vorgabe gehalten. Einmal schreitet der Fortschritt der Techniken zu schnell voran, ein derartiges Buch würde schnell veralten. Zum anderen will ich Sie, liebe(r) Leser(in), nicht unterschätzen. Sie werden auch in diesem Buch vieles angeschnitten finden, was Sie selbst zu Ende denken müssen. Lesen Sie deshalb zwischen den Zeilen, Sie werden dann sicher manches Nützliche finden, an das Sie heute noch nicht denken.

# 5.6 Berufliches Lesen – Schriftverkehr und Schriftsätze

Sicher gibt es bei den verschiedenen Lesearten viele Überschneidungen. Trotzdem gibt es entscheidende Unterschiede, die hier nur kurz angeschnitten werden sollen:

■ Die Bedeutung von Schriftverkehr, Schriftsätzen, technischen und kaufmännischen Regeln, Gebrauchsanleitungen reicht von völliger Nichtigkeit bis zur Existenzgefährdung!

■ Wenn Sie in einer Gebrauchsanleitung einen wesentlichen Punkt übersehen haben, so kann es zu einem immensen Schaden kommen.

■ Lesen von Geschäftskorrespondenz ist die hohe Schule des Selektionslesens, bei dem nichts, aber auch gar nichts Wesentliches überlesen werden darf.

■ Aktenstudium kann über das Geschick von Menschen entscheiden – nicht nur bei Richtern oder bei Ärzten, sondern bei jedem Vorgesetzten.

■ Tip für weniger kritische Schriftstücke: Gewöhnen Sie sich es nicht erst an umzustapeln, entscheiden Sie sofort und jetzt, bearbeiten Sie den Vorgang, oder geben Sie ihn weiter.

■ Versehen Sie die Schriftstücke, die später zu versorgen sind oder die weitergegeben werden, mit Bearbeitungshinweisen – zur eigenen Erinnerung und als Stellungnahme für andere, die weiterarbeiten.

■ Versuchen Sie, Arbeiten immer abzuschließen, denn die Neubearbeitung verlangt wieder ein Einlesen. Legen Sie den Zeitbedarf für die Bearbeitung fest.

■ Schaffen Sie mit Randnotizen bereits beim Lesen Klarheit über die Ausgangssituation oder über Erfahrungen in der Angelegenheit.

■ Beim Lesen von Vorschriften u. ä. sollten Sie mit Grundschemata, mit Skizzen und Bildvorstellungen arbeiten, denn andere Mitarbeiter werden sich »auch schwertun«!

## 5.7 Die Lust am Lesen – Vom Wert des Schmökerns

Bei allen Strategien und Trainingsschritten des effektiven Lesens sollte Ihnen eines, liebe(r) Leser(in), nicht vergehen: die Lust am Lesen, sei es von schöngeistiger Literatur von hochgelobter literarischer Qualität oder eher von Literatur aus den Sparten »Kitsch«, »Schinken« oder »Thriller«!

Ein Buch ist gut, wenn Sie aus ihm etwas gelernt haben, wenn es Ihnen geholfen hat, etwas zu erkennen, oder einfach, wenn es Sie entspannt; denn nichts bringt erschöpfte Kräfte besser zurück als ein Lesen, das zweckfrei nur zur Freude da ist. Schöngeistiges Lesen ist deshalb nicht weniger effektiv, es entzieht sich nur einer direkten Nutzen-Aufwand-Analyse. Wer Spaß am effektiven Lesen hat, der schmökert auch gerne ab und zu in seiner Freizeit, der läßt sich von einem Buch auch mal zum Träumen anregen, zu Phantasien und zur Identifikation mit geschlossenen Augen.

Dieses Lesen bezieht sich nicht auf die Menge des bewältigten Lesestoffes, oft kann schon ein kurzer Satz, eine Gedichtzeile oder ein Spruch mehr aussagen als manches Buch. Es gibt Ihnen einen Grund zum Nachdenken – oder sich zu freuen an der Klarheit und Brillanz der Aussage, der Schönheit der Sprache, und, und, und…

## 5.8 Lesen als Vorarbeit für effektives Handeln

Was wollen wir mit effektivem Lesen erreichen? Zum einen sicherlich einfach mehr vom Gelesenen haben. Zumindest wollen wir den Inhalt wiedergeben können, besser verstehen, schöne Stellen finden, mehr Lesegenuß haben. Die Lesegeschwindigkeit? Auch sie hat Bedeutung, denn unsere Zeit ist immer knapp. Schneller-lesen und Mehr-verstehen besagen noch lange nicht, daß darunter der Lesespaß leiden muß.

*Bleiben noch drei weitere Bereiche:*

- einmal der des »Informationslesens« in Zeitungen, Zeitschriften, auch in Büchern aller Art, um »auf dem laufenden zu bleiben«, eben ausreichend informiert zu sein, wie man das vom mündigen Bürger erwartet. Dort wird unsere neue Art zu lesen bei steigendem Effekt zu den größten Einsparungen an Zeit und Aufwand führen.

- Beim Lesen von Fachliteratur wird nur im »Übersichtslesen« in größerem Umfang Zeit eingespart. Beim Markieren und Exzerpieren, beim Visualisieren werden Sie – nicht nur am Anfang – wesentlich mehr Zeit brauchen wie bisher. Aber die Basis für effektives Handeln wird weit breiter, als das bisher der Fall war. Lesen in der »richtigen Form« wird eine wesentliche Karrierebasis.

- Das berufliche Lesen von Korrespondenz, von Schriftsätzen birgt große Reserven, die durch das »Selektionslesen« gehoben werden können. Zum anderen wird die neue, die gründliche Art des »Sicherheitslesens« verhindern, daß irgendeine wesentliche Stelle übersehen wird, deren Nichtbeachtung unabsehbaren Schaden anrichten könnte. Es ist nicht nur von Bedeutung, eine Laufbahn auszubauen, noch wichtiger ist die Sicherung, damit man sie nicht durch irgendeinen Fehler verliert.

Richtiges Lesen ist immer eine Vorarbeit für effektives Handeln. Lesen, richtig, effektiv Lesen-Können ist eine Eigenschaft der Persönlichkeit, genauso, wie das Auftreten bei einem Gespräch, die Körperhaltung, die Rhetorik, die Schrift. Lesen ist eine der wesentlichen Informationsquellen, es ist diejenige, zu deren Nutzung wir andere Menschen mal nicht brauchen, zumindest nicht sofort. Mit der wir aber unsere Persönlichkeit so ausbauen können, daß wir uns in der Gemeinschaft nicht nur behaupten werden, sondern auch angesehen, geachtet und vielleicht sogar beliebt sind.

**Wer stehenbleibt, der fällt zurück: vom aufbauenden Lesen**

Unser Leben müßte im Idealfall aus einem ständigen Vorwärtsschreiten bestehen. Auch aufbauendes Lesen bedeutet ein ständiges Weiterentwickeln.

*Dabei ist wesentlich:*

- Von größter Bedeutung ist das, was Sie lesen. Gewiß, auch für die Allgemeinbildung müssen Sie einiges tun, doch Spitze werden Sie nur dann, wenn Sie sich für ein schmales, überschaubares Segment entscheiden.

- Beruf und berufliche Arbeit müssen ihren negativen Beigeschmack verlieren. Beruf muß Berufung sein, wenn er erfüllen soll.

- Sie müssen lernen, über Jahrzehnte hinweg lesend Kriminalarbeit zu leisten – Stück für Stück zusammenzutragen, was Sie für Ihr Werk, Ihren Wissensdurst brauchen.

- Aufbauendes Lesen zielt gerade auf das eigene Werk, die eigene Leistung ab. Wie geben Sie gelesene Information weiter? Wort, Schrift und Bild sind hier die wesentlichen Vermittler.

- Aufbauend lesen bedeutet, hellhörig, besser hellsichtig zu werden für das, was in einer Schrift angedeutet, aber nicht »ausgesprochen« wird. Sie müssen zwischen den Zeilen lesen lernen und auch das, was nicht gesagt werden konnte, erfassen und zu Ende denken.

- Versäumen Sie bei aller beruflicher Jagd nie, die großen Werke unserer Kultur sorgsam zu lesen, ja, zu studieren! Unser Weg ist zu weit, als daß wir ihn beschreiten könnten, ohne »emotionale Stärkungen« zu erhalten.

- Wir alle sollten vorsichtig mit unserem Urteil sein. Manche Schrift, einst verdammt, gehört heute zu den Kulturgütern – und umgekehrt. Verlassen Sie sich nur auf das, was das eigene Herz und der Verstand sagen.

Es gibt keinen Menschen, der nicht Träume hat, oft sind sie so stark, daß sie Tagträume werden. Dies ist ein Zeichen von Phantasie, für die Fähigkeit, aus sich heraus etwas zu gestalten. Aber wer geben will, der muß zuerst aufnehmen, lernen, üben, alles das unternehmen, was zum aufbauenden Lesen gehört.

Aufbauendes Lesen gibt ein großes, zuerst fernes Ziel vor, dem man Schritt für Schritt näher kommt. Durch aufbauendes Lesen erworbene Fähigkeiten lassen stärker, selbstbewußter und verständiger werden. Es schafft eine der wesentlichen Grundlagen der Persönlichkeit.

## Checkliste: Was ist für den Könner beim Lesen wesentlich?

Wodurch unterscheidet sich der Könner vom Durchschnitt? Letzterer liest, vergißt viel, arbeitet kurzsichtig und segmentweise. Der Könner ordnet seine gesamte Arbeit einem großen Ziel unter, arbeitet aufbauend, setzt Baustein an Baustein, auf »daß es ein Werk werde«.

*Dazu einige Fragen:*

| Pos. | Fragen, Fakten, Zusammenhänge | erfüllt |
|------|-------------------------------|---------|
| ① | Ist Ihnen klar, daß systematisches, aufbauendes Lesen dann den größten Erfolg bringt, wenn es auf ein Werk, eine Aufgabe, eine Leistung konzentriert wird? | |
| ② | Wissen Sie, daß dieses Ziel nur dann zu erreichen ist, wenn Sie mit detektivischem Scharfsinn immer wieder die richtigen Unterlagen finden und lesen? | |

| Pos. | Fragen, Fakten, Zusammenhänge | erfüllt |
|---|---|---|
| ③ | Wird klar, daß ein außerordentlicher Erfolg nicht ohne Kosten, gute Arbeit, systematische Auswertung von Gelesenem und viel Geduld, viel Ausdauer möglich wird? | |
| ④ | Sortieren Sie bei Ihrem Lesestoff sorgsam alles aus, was überholt ist, und ersetzen es durch brandaktuelle, neue, aber bestätigte Informationen? | |
| ⑤ | Lernen Sie, nüchtern gelesenen Stoff intuitiv zu durchforsten, zu verbildlichen, ihn in ungewöhnliche neue Zusammenhänge zu bringen, um neue Möglichkeiten zu finden? | |
| ⑥ | Stellen Sie Fragen an den Text, übergehen und vermeiden Sie Weitschweifigkeiten, konzentrieren Sie sich auf das Substantielle, vor allem aber trennen Sie sorgsam das, was wichtig ist, von dem, was nur spannend wirkt? | |
| ⑦ | Eignen Sie sich eine Lesetechnik an, die es ermöglicht, Gelesenes mit eigenen Worten kürzer, prägnanter, treffender wiederzugeben, ergänzen Sie sofort? | |
| ⑧ | Gehen Sie bei diesem Selektionsprozeß nüchtern, wirtschaftlich vor? Fördern Sie nur das, was Ihnen langfristig den größten Nutzen und den besten Effekt bringt? | |
| ⑨ | Achten Sie, wenn Sie die Doppellesetechnik oder eine Multi-Leseform einsetzen, bei den weiteren Durchgängen vor allem auf das, was angeschnitten, aber nicht zu Ende gedacht wurde? | |
| ⑩ | Nutzen Sie die tägliche Arbeit, den Schriftverkehr, Aktenstudium und andere Leseunterlagen, um jeden Tag mindestens einen Baustein für Ihr Werk neu hinzuzugewinnen? | |

| Pos. | Fragen, Fakten, Zusammenhänge | erfüllt |
|------|-------------------------------|---------|
| ⑪ | Gewinnen Sie auch aus schöngeistigem Lesen Hilfen und »Bauelemente«, mit denen Sie Ihr »eigenes Segment« ausbauen und absichern, erweitern und verbessern können? | |
| ⑫ | Setzen Sie die einzelnen Leseformen immer dort ein, wo sie am zweckmäßigsten sind, und wo sie Sie Ihrem Ziel am schnellsten und effektivsten näher bringen können? | |

Gerade diese Fragen – jede einzelne sollte mit Ja beantwortet werden können – zeigen die harte Auslese und den Preis für den Erfolg. Ist das menschlich, ist das gut, ist das notwendig? Leider ja. Die Unterschiede in der Leistungsfähigkeit – wobei Checklisten ähnlich wie diese die Beurteilungsgrundlage bilden – sind oft verschwindend gering.

Wen würden Sie auswählen oder befördern? Doch die Dame oder den Herrn, die/der eben besser, überlegener ist. Deshalb die Härte. Ob man eine sich steigernde Laufbahn anstrebt oder sich mit untergeordneter Arbeit begnügt, das muß jeder selbst entscheiden!

### Das Ergebnis: Ohne gekonnte Leseorganisation kein außerordentlicher Berufserfolg

Erfolg auf Dauer ist nirgendwo im Leben Zufall, Glück oder Vorsehung. Erfolg muß geplant, logistisch vorbereitet und dann zielbewußt angestrebt werden. Genauso sorgsamer Organisation bedarf die Erhaltung des Erfolges.

Um es noch konsequenter auszudrücken:

Wenn Sie Jahre, Jahrzehnte Erfolg haben wollen, dann müssen Sie eben in allem ein klein bißchen besser als alle anderen sein. Ein klein bißchen, das reicht. Aber im Besser-Sein gibt es keine Einschränkung!

Was ist eine Leseorganisation – mit dem Ziel, besser zu werden als alle anderen?

- Leseleistung muß meßbar und kontrollierbar werden, sowohl in Lesegeschwindigkeit wie Auffassungskraft.

- Die besten Bücher sind auszuwählen, die besten Hilfen, die beste Brille wie auch die besten Techniken, immer passend zur Aufgabe.

- Die Auffassungskraft ist zu stärken; Markierungstechniken werden eingesetzt, Exzerpte gewonnen, ausgearbeitet, ergänzt, fokussiert und visualisiert.

- Alles das ist noch einmal zu überprüfen, zu verbessern, neu zu ordnen – eben von der Pflicht zur Kür! Schwerpunkte sind Wiedergabe und Verbildlichung, die Ausrichtung auf eine eigene, große Leistung.

Das, meine Damen und Herren, ist Leseorganisation – lebenslang, zumindest auf Jahre und Jahrzehnte! Das Rüstzeug haben wir nun erarbeitet, jetzt ist es an der Zeit für Sie, Schritt für Schritt, gut überlegt das Fundament für Ihren Erfolg zu legen.

# 6 Für ganz Eilige

»Lesen« als Wort hat in deutscher Sprache zweierlei Sinn – einmal das Lesen von Texten, zum anderen das (Auf-)Lesen und Mitnehmen von etwas Wertvollem, wie z. B. bei der Weinlese. Auch das »Lesen« von Texten verliert seinen Sinn, wenn der Textinhalt nicht mitgenommen und verwertet wird.

## In 10 Schritten zum effektiveren Lesen

① Weil die Grundlagen der Leseleistung, bestehend aus Lesegeschwindigkeit und Auffassungskraft, den meisten »Lesern« unbekannt sind, läßt sich allein durch das Verständnis der Zusammenhänge eine deutliche Steigerung erreichen.

② Verstärkt wird der Effekt durch ein Testschema, mit dem Fortschritte gemessen werden. Der Zwang zur strukturierten Wiedergabe führt in ersten Schritten zur verbesserten Auswertung von Texten bis hin zu ersten, eigenen Ergänzungen.

③ Leistungshemmende Lesegewohnheiten sind abzubauen, vor allem ist die Schulung des peripheren Sehens zu verstärken. Erste Techniken wie »senkrechtes Lesen« und »zweiteilig versetztes Lesen« führen zu weiteren Leistungsverbesserungen.

④ Neben der Blickfelderweiterung ist das Erkennen und Nutzen von Schwerpunkten Hauptfeld des Trainings. Markierungstechniken kommen hinzu. Zu ihnen gehören Randmarken, Randnotizen, Begrenzungen, Überlagerungen, Arbeitszeichen und Hinweise.

⑤ Der Auszug, die strukturierte Verbildlichung von Inhalten, ist Schwerpunkt der Lese- und Verwertungsarbeit. Aufgabe ist es, die verschiedenen Arten und Techniken kennenzulernen und einzusetzen.

⑥ Beim »Auszug« von Gelesenem beginnt eine bedeutende Umstellung im Denken: Zur logischen Denkweise der linken Hirnhälfte muß die bildhafte der rechten kommen. Ratio und Intuition müssen gleichberechtigt werden, sich gegenseitig ergänzen und kontrollieren.

⑦ Weil wir logisch nur in einer Ebene »lesen« und denken können, bildhaft aber in mehreren Ebenen, ist eine Vervielfachung der Aussagen mittels »beidhirnigem« Denken möglich.

⑧ Das zwingt zur Verbildlichung von Texten, vor allem in den Zwischenstufen vom Lesen bis zur schriftlichen Wiedergabe. Zu bekannten Buchstaben kommen Zeichen, Hinweise, Heraushebung von Worten, Skizzen, Bilder und andere bildliche Darstellungen.

⑨ Ein außerordentlicher Lebenserfolg ist u. a. von der Fähigkeit abhängig, Lesestoff zielbewußt zu selektieren, ihn neu zu gliedern und zu strukturieren, zu ergänzen und für eine eigene, große Leistung umzugestalten, vor allem durch Hinzufügung von kreativen Komponenten.

⑩ Effektiver lesen und verwerten bedeutet damit, nicht nur schneller zu lesen und aufzufassen, sondern den Lesestoff neu zu strukturieren, ihn zu visualisieren und in ein großes Konzept einzubauen, das zu einer besonderen Leistung, ja einem Lebenswerk führt.

---

Die neuen Lese- und Verwertungstechniken bringen zum einen eine besondere Chance für den, der sie zu nutzen versteht, zum anderen aber verlangen sie ein nicht zu unterschätzendes Umdenken. Bei diesem bleibt der Wert der Logik erhalten, während intuitive, bildhafte Denkweisen zur Erweiterung hinzukommen. Lesen und Verwerten sind bedeutende Teilgebiete geistiger Arbeit, die Kombination alter und neuer Techniken erweitert das menschliche Leistungsvermögen in revolutionärer Weise.

# Anhang

## Literaturverzeichnis

Bayer, Günther, »Rationelles Lesen, leichtgemacht«, Bertelsmann, Gütersloh

Birkenbihl, Vera F.: »Erfolgstraining«, Moderne Verlagsgesellschaft, München/Landsberg

Birkenbihl, Vera F.: »Kommunikationstraining«, Moderne Verlagsgesellschaft, München/Landsberg

Dittrich, Helmut: »Mehr Erfolg bei Prüfungen«, Econ, Düsseldorf

Dittrich, Helmut: »Erfolgsgeheimnis Zeiteinteilung«, Humboldt-Taschenbuchverlag, München

Fliegen, Lothar: »Schneller auffassen – mehr verstehen – besser behalten«, Heyne, München

Lanner, Helmut: »Prüfungen – mit Erfolg«, Humboldt-Taschenbuchverlag, München

Wernbeck, Tom/Ullmann, Frank: »Dynamisches Lesen«, Heyne, München

Zielke, Wolfgang: »Schneller lesen, intensiver lesen, besser behalten«, Moderne Verlagsgesellschaft, München/Landsberg

Zielke, Wolfgang: »Informiert sein ist alles«, Econ, Düsseldorf

Zielke, Wolfgang: »Schneller lesen, selbst trainiert«, Moderne Verlagsgesellschaft, München/Landsberg

Zielke, Wolfgang: »Handbuch der Lern-, Denk- und Arbeitstechniken«, Moderne Verlagsgesellschaft, München/Landsberg

Zielke, Wolfgang: »Besser, schneller, rationeller lesen«, Verlag moderne Industrie, München

# Register